Kleine Hildesheimer Bistumsgeschichte

Thomas Scharf-Wrede

Kleine Hildesheimer Bistumsgeschichte

Umschlagabbildung:
Karte des Bistums Hildesheim, Bernward Mediengesellschaft mbH

Bibliografische Information der Deutschen Nationalbibliothek:
Die Deutsche Nationalbibliothek verzeichnet diese Publikation
in der Deutschen Nationalbibliografie; detaillierte bibliografische
Daten sind im Internet über http://dnb.dnb.de abrufbar.

1. Auflage 2014
© 2014 Verlag Schnell & Steiner GmbH, Leibnizstr. 13, D-93055 Regensburg
in Zusammenarbeit mit Bernward Mediengesellschaft mbH, Hildesheim 2014
Umschlaggestaltung: Anna Braungart, Tübingen
Satz: typegerecht, Berlin
Druck: Erhardi Druck GmbH, Regensburg
ISBN 978-3-7954-2918-8

Weitere Informationen zum Verlagsprogramm erhalten Sie unter:
www.schnell-und-steiner.de

Inhalt

Vom 9. bis zum 11. Jahrhundert

Die im 11. Jahrhundert niedergeschriebene »Fundatio ecclesiae Hildensemensis« berichtet in eindrücklicher Weise von der Gründung des Bistums Hildesheim im Jahr 815. In ihr heißt es u. a.:

»Nach dem Ende von Karls Herrschaft und Leben [gem. ist der 814 gestorbene Kaiser Karl der Große] war Ludwig, Erbe der Frömmigkeit und Macht des Vaters, ganz damit beschäftigt, die Elzer Kirche zum Haupt und Sitz eines Bistums zu erheben. Und als er deswegen diesen Ort häufiger besuchte, trug es sich zu, dass er aus Jagdleidenschaft die Leine überschritt und an der Stelle, wo jetzt die Hildesheimer Kirche steht, das Zelt aufschlug und dort die heilige Messe hörte, wohin man die Reliquien der königlichen Kapelle gebracht hatte. Durch göttliche Fügung waren dies aber Reliquien der heiligen Gottesmutter Maria. Als der Kaiser hierauf von der Jagd nach Elze zurückgekehrt war und dort wieder die Messe hören wollte, da erinnerte sich der Kapellan erst, als er die Reliquien auf den Altar stellen wollte, dass er sie dort vergessen hatte, wo tags zuvor die Messe gefeiert worden war. Von Sorge getrieben ging er zurück und fand sie auch dort, wo er sie aufgehängt hatte, nämlich am Ast eines Baumes, der eine sehr klare Quelle beschattete. Froh eilte er darauf zu und – oh große Wunderwerke Gottes, oh tiefer Abgrund göttlicher Fügung – konnte die Reliquien, die er mit leichter Hand aufgehängt hatte, mit keiner Anstrengung abnehmen. Er kehrte zurück, um dem Kaiser das Wunder zu berichten. Dieser war begierig, das Gehörte mit eigenen Augen zu sehen, kam schnell mit vielen Begleitern herbei und sah, dass sich die Reliquien von dem Baum, an dem sie einmal hingen, nicht abnehmen ließen. Belehrt, dass dies der Wille Gottes sei, errichtete er dort schnell eine Kapelle für die Muttergottes, wobei der

Altar und die aufgehängten Reliquien ein und denselben Platz bekamen. Diesen Ort, der durch das überraschende Wunder verherrlicht und von dem erwiesen war, dass er der Gottesmutter so sehr gefiel, begann der Kaiser mit allem Eifer besonders zu fördern und verlegte den Hauptsitz des Bistums, den er vorher bei der von seinem Vater gegründeten und von ihm hoch gepriesenen Kirche von Elze dem Apostelfürsten zu Ehren hatte errichten wollen, an die Kapelle der Gottesmutter und stellte ihr den im Glauben bewährtem Gunthar als ersten Bischof voran.«

Ob es wirklich so war, ob die Gründung des Bistums Hildesheim vor 1200 Jahren wirklich in einer »Mischung« aus priesterlicher Vergesslichkeit und göttlichem Einwirken ihren Ursprung hat? Wohl kaum. Letztlich waren es ganz praktische Gründe, die für die Verlegung des ursprünglich für Elze geplanten Bistumssitzes um etwa 15 km ostwärts an die Innerste sprachen, kreuzten sich doch hier wichtige Verkehrsverbindungen des Frankenreichs, weswegen die »Hildesheimer Mulde« auch zu den bereits lange besiedelten Gebieten zwischen Innerste und Oker gehörte. Hildesheim war einfach die »bessere Wahl«, weswegen Kaiser Ludwig der Fromme in Fortführung der durch seinen Vater Kaiser Karl den Großen begonnenen Herrschaftserweiterung und Christianisierung auf einer Reichsversammlung in Paderborn am 1. Juli 815 das Bistum Hildesheim begründete, dessen Sprengel das »Vakuum« zwischen den Bistümern Verden, Halberstadt, Mainz und Paderborn schloss; eine verlässliche Umschreibung der Hildesheimer Bistumsgrenzen erfolgte 1006/07.

Als ersten Bischof des Bistums Hildesheim nennt das »Chronicon Hildesheimense«, eine im ausgehenden 12. Jahrhundert begonnene und bis ins späte 15. Jahrhundert fortgeführte Zusammenstellung der Hildesheimer Bischöfe, den wohl aus Reims stammenden Gunthar, der dieses Amt bis zu seinem Tod im Jahr 834 innegehabt hat. Auf ihn geht der Bau eines ersten – der hl. Cäcilia geweihten – Doms neben der durch Kaiser Ludwig den Frommen begründeten Marienkapelle zurück, wie in einigen schriftlichen Quellen auch von seinen Missionierungsbemühungen etwa in Elze, Eldagsen, Oldendorf, Wallensen, Mahlerten und Heyersum gesprochen wird.

Auch wenn Gunthars Dom sicherlich kein Provisorium war, wurde er doch bereits von Bischof Altfrid – den vierten Bischof in der heute

Darstellung der Gründungslegende des Bistums Hildesheim, 1652

70 Bischöfe zählenden Hildesheimer Bischofsliste – durch einen Neubau ersetzt: deutlich größer und deutlich stärker auf »Nachhaltigkeit« ausgerichtet, weil man inzwischen um das Gelingen der Bistumsgründung an der Innerste wusste. Die in der »Fundatio ecclesiae Hildensemensis« enthaltene ausführliche Beschreibung dieses Dombaus – seine Weihe erfolgte nach rund 20 Jahren Bauzeit am 1. November 872 – gibt Adolf Bertram in seiner Bistumsgeschichte so wieder:

> »Mit seinem frommen Klerus hielt Altfrid ein dreitägiges Fasten und bestürmte mit ständigen Gebeten den Herrn, dass er ihm eine Stätte zeige, welche der Mittler zwischen Gott und den Menschen für würdig einer Kirche erachten würde, die zu seiner und seiner Mutter Ehre erbaut werden sollte. Als das Fasten gehalten und der vierte Tag zu leuchten begann,

Tympanon vom südlichen Portal des ursprünglichen Altfrid-Domes

da erschienen, gleichsam auf den Ruf des Beters, wie mit Frühlingsreif genau gezeichnete Grenzlinien, die in künstlerisch richtigem Winkel die Maße zum Ausgraben der Fundamente einer Kirche absteckten ... Der erlauchte Oberhirt war erfreut, dass die göttliche Herablassung seiner Absicht huldvoll entgegenkam... Diese Kirche nun weihte ihr Erbauer Altfrid selbst ein und schloss an sie einen Klosterbau an, der für die kanonische Ordnung und das Leben nach kirchlicher Regel sehr geeignet war.«

Für Bischof Altfrid bildeten der Dom und die ihn umgebenden Einrichtungen – das Kanonikerstift und die Domschule – das Zentrum des Bistums Hildesheim, von dem aus das Evangelium weiterzutragen war. Als eine Art »Ergänzung« für die weitere Entwicklung des Bistums Hildesheim intensivierte er auch den Auf- und Ausbau der Stifte Lamspringe und Brunshausen/Gandersheim, indem er u. a. deren finanzielle resp. wirtschaftliche Ausstattung nachhaltig unterstützte.

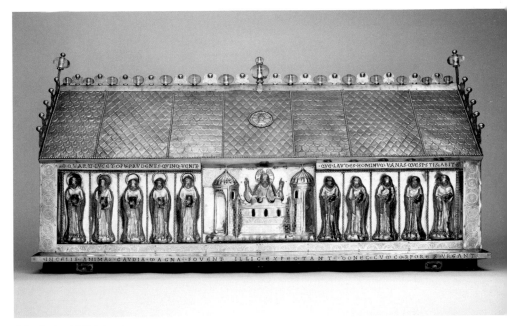

Schrein des hl. Epiphanius

Eine erhebliche »Aufwertung« erfuhr der Hildesheimer Dom im 10. Jahrhundert, indem Bischof Othwin (954–984) von einer Italienreise mit Kaiser Otto I. (962–973) Reliquien des hl. Epiphanius von Pavia mitbrachte, die in Hildesheim rasch Ziel zahlreicher Pilger und Beter wurden; im Mittelalter besaß die Heiligen- und Reliquienverehrung besondere Bedeutung. Ebenso sorgte Bischof Othwin für einen weiteren Ausbau der Hildesheimer Domschule, die sich nach und nach zu einer der angesehensten Ausbildungsstätten im Deutschen Reich entwickelte, aus der zwischen 919 und 1024 nicht weniger als 27 Reichsbischöfe hervorgegangen sind; sie war ein wichtiges »Reservoir« für die kirchliche wie kaiserliche Personalpolitik.

Die Amtszeit der Hildesheimer Bischöfe Bernward (993–1022) und Godehard (1022–1038) gilt aufgrund ihrer Authentizität, Kreativität und Nachhaltigkeit allgemein als eine »Blütezeit« des Bistums Hildesheim.

Bestens ausgebildet an der Hildesheimer Domschule, kam Bernward als junger Mann an den Hof Kaiser Ottos II. (961/73–983) und wirkte hier

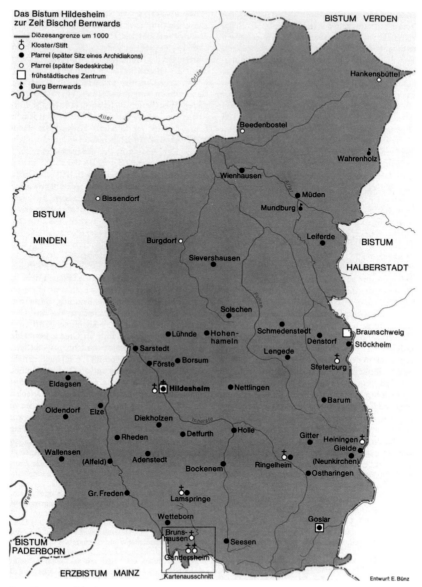

Das Bistum Hildesheim zur Zeit von Bischof Bernward (993–1022)

als Notar sowie Erzieher des späteren Kaisers Otto III. (983–1002), ehe er am 15. Januar 993 durch den Mainzer Erzbischof Willigis zum Bischof von Hildesheim geweiht wurde. Gegen die äußeren Bedrohungen seines Bistums durch Slawen und Normannen errichtete Bischof Bernward am Zusammenfluss von Aller und Oker sowie im Raum Gifhorn Befestigungen, wie er auch den Hildesheimer Domhügel mit einer turmbewehrten Mauer umgab. Parallel zu dieser »Existenzsicherung« des Bistums Hildesheim – zu der auch der Ausbau des Grundbesitzes der Bischöflichen Kurie gehörte – initiierte Bischof Bernward die Abhaltung regelmäßiger Diözesansynoden zur Weiterbildung und »Harmonisierung« des Diözesanklerus resp. zur Rechtsprechung in weltlichen Angelegenheiten, wie er auch weiterhin diplomatische Aufgaben im Dienst des Kaiserhofes übernahm. Im Blick auf die langfristigen Interessen seines Bistums kam es zu einem Konflikt Bischof Bernwards mit seinem langjährigen Mentor Erzbischof Willigis von Mainz um die landesherrliche wie kirchliche Oberhoheit über das Reichsstift Gandersheim, der letztlich zugunsten des Bistums Hildesheim ausging. Es gehört zu den Charakteristika Bernwards, dass er seinen politisch-diplomatischen Erfolg nicht ausnutzte, sondern die Neuweihe der Gandersheimer Stiftskirche am 5. Januar 1007 nunmehr gemeinsam mit dem Mainzer Erzbischof Willigis vornahm: zur sachlichen Auseinandersetzung gehörte für Bischof Bernward die Versöhnung dazu.

Bei weitem nicht nur künstlerischer, architektonischer oder gar äußerlicher Glanzpunkt des Lebens und Wirkens von Bischof Bernward waren und sind die nach ihm benannte Bronzetür und Bronzesäule im Hildesheimer Dom sowie die durch ihn errichtete St. Michaeliskirche. Die Bernwardtür ist die älteste figürlich geschmückte Bronzetür des Mittelalters mit einem der wahrscheinlich frühesten plastischen Groß-Bildzyklen nördlich der Alpen sowie eines der kühnsten Stücke mittelalterlichen Erzgusses überhaupt. Sie zeigt auf der linken Seite Szenen aus dem Alten Testament, oben beginnend mit der Erschaffung des Menschen und endend mit dem Brudermord des Kain an Abel, ihr gegenübergestellt sind von unten nach oben Ereignisse aus dem Neuen Testament von der Verkündigung an Maria bis Ostern und Himmelfahrt. Die Christussäule, bis zur Säkularisation zu Beginn des 19. Jahrhunderts in St. Michaelis lokalisiert, steht formal in der Tradition antiker Ehrensäulen und zeigt insgesamt 24 Szenen aus dem öffentlichen Wirken Jesu, vornehmlich Wundertaten

Bernward- oder
Christussäule, Dom
zu Hildesheim

wie Totenerweckungen, Krankenheilungen, das Weinwunder bei der
Hochzeit zu Kana und die wunderbare Brotvermehrung.

Als »Ergänzung« zum Dom errichtete Bischof Bernward in dessen unmittelbarer Nähe auf einer kleinen Anhöhe die St. Michaelis-Kirche und
ein Benediktinerkloster: in ihrer baulichen Form eine geradezu ideal-
typische romanische Kirchen- und Klosteranlage und damit ein sinnfäl-
liger Ausdruck »mittelalterlicher Geistigkeit«, für Bischof Bernward aber
vor allem Ausgangspunkt wie Zentrum einer kontinuierlichen geistig-

St. Michaelis-Kirche in Hildesheim, Ansicht 17. Jahrhundert

geistlichen Erneuerung des Bistums Hildesheim sowie die eigene Grab-
lege; die Grundsteinlegung erfolgte 1010 und die Weihe der Kirche am
22. September 1022. In der »Vita Bernwardi« seines Lehrers Thangmar
heißt es dazu:

> »In Anbetracht dessen habe nun ich, Bernward, durch Gottes Erwäh-
> lung, nicht aus eigenem Verdienst Bischof genannt, lange darüber
> nachgedacht, durch welches Bauwerk von Verdiensten, durch welche
> Leistung ich ... mir den Himmel verdienen könne.«

Bischof Godehard, gebürtig aus Niederbayern und vor seiner Ernennung
zum Bischof von Hildesheim in den Benediktinerklöstern Niederaltaich,
Tegernsee und Hersfeld tätig, setzte den durch Bischof Bernward einge-

schlagenen Weg einer am Evangelium ausgerichteten Konsolidierung der Kirche von Hildesheim fort. Im Wissen um die zentrale Funktion des Gottesdienstes errichtete er im gesamten Bistum – u. a. in Braunschweig, Goslar und Wienhausen – rund 30 Kirchen und trieb auch die Gründung neuer Klöster und Stifte weiter voran; u. a. in Hildesheim selbst ein Kanonikerstift am Dom und die St. Bartholomäuskapelle, aus der später das erste Augustinerchorherrenstift des Bistums Hildesheim hervorgegangen ist, sowie das St. Mauritiusstift auf dem Zierenberg und die St. Ulrichskirche in Braunschweig, wie auch in Goslar und Wienhausen größere Bauprojekte realisiert werden konnten.

Genauso wie Bernward war Godehard von einer tiefen persönlichen Frömmigkeit getragen und betrachtete die Verkündigung des Wortes Gottes als seine Hauptaufgabe, worüber es in seiner Vita u. a. heißt:

»Jede Nacht erhob er sich zum Gebet und durchwachte dann den übrigen Teil der Nacht bis zum Beginn des Morgengottesdienstes unter Psalmengebet. Er hörte hierauf die hl. Messe, sang sie auch sehr häufig selbst … Wo immer im Bistum das Volk zu den Festen der Heiligen oder zum Jahresfesttage der Kirchweihe zusammenströmte, dahin ging Godehard mit herzlicher Geistesfreude, um dort seiner Lieblingstätigkeit zu obliegen, nämlich durch Verkündigung des Wortes Gottes den Seelen zu nützen. Seine Predigten handelten immer von der Liebe Gottes und des Nächsten, von der Bewahrung des Glaubens und vom christlichen Wandel, von der Beichte der Sünde, von der Sorge für das Heil der Seelen.«

Beide Bischöfe – Bernward wie Godehard – erfuhren nach ihrem Tod in Stadt und Bistum eine intensive Verehrung und wurden im 12. Jahrhundert offiziell in den Kreis der Heiligen aufgenommen. »St. Bernward und St. Godehard, lasst nicht herein, was unserm Stift kann schädlich sein«, so lautet ein bis ins 20. Jahrhundert hinein weit verbreitetes volkstümliches Stoßgebet: Ausdruck der besonderen, bis heute lebendigen Beziehung der Hildesheimer Diözesanen zu ihren großen Bistumsheiligen; der ebenfalls – allerdings erst im 20. Jahrhundert – heiliggesprochene Bischof Altfrid steht hier ein wenig zurück.

St. Godehardi-Kirche in Hildesheim

Vom 11. bis zum 15. Jahrhundert

Am 23. März 1046 vernichtete ein verheerender Brand den Hildesheimer Dom, seine benachbarten Gebäude und einen großen Teil der Stadt. Statt eines Wiederaufbaues bemühte sich Bischof Azelin (1044–1054) um den Neubau eines deutlich größeren Domes, was jedoch aus verschiedenen Gründen misslang; in der »Hildesheimer Bischofschronik« wird das Projekt als »unbesonnen« bezeichnet. Sein Nachfolger Bischof Hezilo (1053–1079) – in dessen Episkopat u. a. der Investiturstreit mit dem Gang von Kaiser Heinrich IV. nach Canossa zu Papst Gregor VII. fiel – revidierte das Bauprojekt und realisierte den neuen Dom wieder auf den Fundamenten des Altfrid-Domes, dessen feierliche Neuweihe er am 5. Mai 1061 vornahm und den er in den folgenden Jahren u. a. mit einem großen, das himmlische Jerusalem symbolisierenden, Radleuchter ausstattete; dieser Dom blieb in seiner Grundsubstanz bis zu seiner Zerstörung am 22. März 1945 erhalten.

Zur Festigung der binnenkirchlichen Strukturen und zur Vertiefung des Glaubenslebens der Diözesanen begründete Bischof Hezilo auf dem Zierenberg – an die durch Bischof Godehard errichtete Kirche anschließend – ein Kollegiatstift, wie er unweit des Domes auch ein burgartig angelegtes Wohnhaus zu einer Basilika und einem weiteren Kollegiatstift ausbaute: das Kreuzstift. In seine Amtszeit fallen auch die Gründung der Stifte St. Petersberg bei Goslar – eine Stiftung von Kaiser Heinrich III. bzw. seiner Ehefrau Agnes – und St. Cyriakus in Braunschweig, wie auch die St. Jakobi-Kirche zu Goslar wohl auf den am 5. August 1079 verstorbenen und in seiner »Lieblingsgründung« St. Mauritius beigesetzten Bischof Hezilo zurückgeht.

Über die Bischöfe Berthold I. (1119–1130) und Bernhard I. (1130–1153) heißt es in der »Hildesheimer Bischofschronik«:

Hezilo-Leuchter im Hildesheimer Mariendom

»Hierauf wurde unser ehrwürdiger Propst Berthold mit Zustimmung
der Geistlichkeit und des Volkes unserer Kirche vorgesetzt. Er war für
das kirchliche Amt vorzüglich ausgebildet und wegen seines Eifers für
die geistliche Lebensform sehr berühmt und bemühte sich, alle mögli-
chen Geistlichen mit allen Mitteln seiner Kirche anzugliedern. Er ordne-
te als erster für die geistlichen Frauen in unserem Bistum die Klausur an,
holte Geistliche herbei, die man Regularkanoniker nennt, und gründete
für sie aus eigenem und bischöflichem Gut eine Propstei in Backenrode. ... Ihm folgte Bernhard. Er war zuerst Schulleiter, dann Propst an der
Hauptkirche und wurde, obwohl er sich über die Maßen sträubte, auf
gemeinsamen Wunsch der Geistlichkeit und des Volkes zum Bischof
gewählt. Nach seiner Wahl aber kümmerte er sich wie ein sehr gebil-
deter, kluger und allseits tugendreicher Mann darum, das Verstreute zu
sammeln, das Gesammelte zu bewahren und den Besitz mit geeigneten
Mitteln zu vermehren. Er erwarb nämlich für sich und seine Nachfol-

Ehemaliges Zisterzienserinnenkloster Wienhausen, heute evangelisches Damenstift

ger die früher königliche, jetzt bischöfliche Abtei Ringelheim durch eine
Schenkung König Konrads mit Zustimmung der Fürsten ... Auch erbaute
er zu Ehren des seligen Godehard ... ein Kloster südlich der Domburg,
weihte es und stattete es aus, setzte Mönche ein, die dort Gott dienen
sollten ... Die von Grund auf zerstörte Winzenburg zum Schutz der Kirche wieder aufbauen zu dürfen, erwirkte er bei Kaiser Lothar und baute
sie auch tatsächlich wieder auf und ließ durch den Bann der beiden römischen Päpste Innozenz und Eugen ... bekräftigen, dass sie der Kirche,
ihm und seinen Nachfolgern frei von jemandes Einspruch gehören soll.«

In ungemein konzentrierter Form listet die »Hildesheimer Bischofschronik« hier das »Aufgabenprofil« der Hildesheimer Bischöfe des
11.–15. Jahrhunderts auf: Ihnen oblag die Vermehrung und Sicherung des
Bistumsbesitzes, der Bau von Kirchen, die Sorge um ein möglichst evangelium nahes Leben und Arbeiten der Kleriker und die Errichtung von

Goldkelch von Bischof Gerhard vom Berge (1365–1398)

Klöstern und Stiften als besondere »Stützpunkte« kirchlichen Tuns; mit einer z. T. besonderen Eigendynamik gerade in den Grenzregionen des Bistums Hildesheim: 1129/35 kam es in Amelungsborn zur Gründung des ersten Zisterzienserklosters im Bistum Hildesheim, von dem aus Tochtergründungen in Riddagshausen bei Braunschweig (1145) und Isenhagen bei Gifhorn (1243) erfolgten, von wo aus dann 1259 Zisterzienser ins Stift Backenrode kamen und dieses in das Zisterzienserkloster Marienrode umwandelten.

Im Laufe des 13. Jahrhunderts – maßgeblich gefördert durch Bischof Konrad II. (1221–1235), der übrigens entscheidend an der Heiligsprechung Elisabeths von Thüringen 1235 mitgewirkt hat – kamen auch die »neuen« Ordensgemeinschaften ins Bistum Hildesheim: die Dominikaner, die Franziskaner und die Magdalenerinnen. Unweit des Domes begründeten die Dominikaner 1231/33 im Brühl einen Konvent, in dem kurzzeitig Albertus Magnus als Lektor wirkte. 1233 trafen die ersten Franziskaner in Hildesheim ein, wo sie zunächst in der Nähe der St. Godehardi-Kirche und ab 1240 an der westlichen Außenseite des Dombezirks ansässig wurden; ihr Konvent ist für das Jahr 1253 urkundlich belegt, weitere Niederlassungen entstanden in Braunschweig und Goslar. Wann genau die »Büßenden Schwestern von der hl. Magdalena« nach Hildesheim – und von hier aus nach Goslar – gekommen sind, lässt sich nicht genau sagen: eine Klostergründung war im religiös bewegten 13. Jahrhundert kein Verwaltungsakt, sondern besaß eher prozesshaften Charakter. Eindeutig belegt ist allerdings, dass Papst Gregor IX. den Hildesheimer Magdalenerinnen 1235 einen eigenen Schutzbrief ausstellte und dass Abt Dethmar von St. Michael ihnen gestattete, sich unmittelbar am Fuß des Michaelshügels niederzulassen, wo 1294 auch die St. Magdalenen-Kirche geweiht werden konnte. Zur materiellen Ausstattung wurde dem neuen Kloster – übrigens dem ersten Frauenkloster in der Stadt Hildesheim – schon bald, vornehmlich durch den Propst und den Bischof, Grundbesitz in Hildesheim sowie in größerem Umfang in Farmsen, Sorsum, Soßmar und Ottbergen übertragen, wo das Kloster später auch das Patronatsrecht über die dortige Pfarrkirche erhielt.

Um die politisch-territorialen Strukturen Norddeutschlands ging es auf einem Reichstag zu Mainz im Jahr 1235: Indem hier das Herzogtum Braunschweig-Lüneburg durch Kaiser Friedrich II. (1212/20–1250) gewis-

sermaßen revitalisiert wurde und dessen Herzog Otto I. (1213/35–1252) das Hochstift resp. Fürstbistum Hildesheim – das in der Folgezeit noch um die Stadt und die Grafschaft Peine (1260), die Exklave Dassel im Solling sowie Teile der Herrschaft Everstein und Homburg bei Hameln erweitert wurde – als »selbständig und von jeglicher herzoglicher Gewalt eximiert« anerkannte. Trotzdem – oder vielleicht gerade deswegen – kam es im 13./14. Jahrhundert immer wieder zu Auseinandersetzungen zwischen den welfischen Herzögen und den Hildesheimer Bischöfen, die 1367 in der Schlacht bei Dinklar kulminierten. Als Antwort auf andauernde Raubzüge bischöflicher Vasallen von Schloss Wallmoden ins Braunschweigische hinein, sammelte Herzog Magnus der Ältere von Braunschweig in diesem Jahr eine erhebliche Anzahl Verbündeter, um den Hildesheimer Bischof mit kriegerischen Mitteln in seine Schranken zu weisen. Am 3. September 1367 prallten die beiden Heere rund 10 km östlich von Hildesheim zwischen Dinklar und Farmsen aufeinander. Dem welfischen Heer in jeder

Modernes Diorama der Schlacht bei Dinklar 1367 mit Bischof Gerhard vom Berge

Beziehung unterlegen, schien die Schlacht für die Hildesheimer schon verloren, als – so die Legende – Bischof Gerhard von (Schalks-)Berge (1365–1398) auf einmal das Gründungsreliquiar des Bistums Hildesheim emporhob:

> »Die Hildesheimer sahen ihren unerschrockenen Bischof hoch zu Ross ...
> Mit donnernder Stimme rief Gerhard über das Schlachtfeld hin: ›Leve
> Kerel, truret nicht! Hie hebbe eck dusent Mann in miner Mawen!‹ Da
> fassten die Unsrigen neuen Mut. Die Gottesmutter selbst schien ja in
> ihren Reihen zu kämpfen. In wuchtigem Ansturm warfen sie sich auf
> die Feinde. Nach kurzem Ringen waren die feindlichen Reihen in Un-
> ordnung gekommen. Bald waren die Braunschweiger und ihre Verbün-
> deten auf allen Punkten überwunden und stürzten sich in die schmäh-
> lichste Flucht.«

Siegel von Bischof Adelog I.
(1171–1190)

Wie eng politische und kirchlich-religiöse Belange in dieser Zeit mitein-ander verwoben waren, zeigt die Verwendung des Gefangenen-Lösegeldes durch Bischof Gerhard: So finanzierte er aus ihm die Errichtung eines Kartäuserklosters am Hildesheimer Dammtor, stiftete als Ausdruck seines Dankes an die Gottesmutter für ihren Beistand der Domkirche einen gro-ßen Goldkelch – und ließ auch noch die Kuppel des Hildesheimer Mari-endoms vergolden ...

Von erheblicher Bedeutung für die Entwicklung des Bistums Hil-desheim war das Domkapitel, das sich im Laufe des Mittelalters aus ei-ner verfassten geistlichen Korporation – um 1000 galt es im deutschen Sprachraum als eine Art »Musterdomkapitel«– zu einem »Gegengewicht« zur Bischöflichen Amtsgewalt entwickelte, dem um 1200 die Archidiako-nate des Bistums zugehörig waren. Eine Anerkennung seiner besonderen Rechte erfolgte durch Bischof Adelog (1170/71–1190), der in seinem »Gro-ßen Privileg« vom 28. März 1179 für sich und seine Nachfolger versprach, das Domkapitel bei allen wichtigen Geschäften – vor allem bei der Vergabe wertvoller Lehen und der Verpfändung oder Veräußerung bischöflichen Besitzes – zu konsultieren. Als wichtigste Aufgabe kam dem Hildesheimer Domkapitel seit dem 12. Jahrhundert allerdings das Recht der Wahl des neuen Bischofs zu: erstmalig nach der Absetzung von Bischof Konrad von Querfurt (1195–1199) durch den Papst, weil dieser ohne seine Erlaubnis

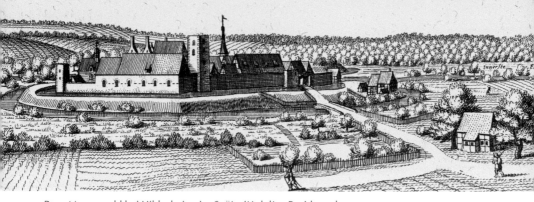

Burg Steuerwald bei Hildesheim, im Spätmittelalter Residenz der
Bischöfe von Hildesheim

auch das Bistum Würzburg übernommen hatte; die Wahl des Kapitels fiel
auf den bisherigen Dompropst Hartbert (1199–1216). Innerhalb des Domkapitels – das am Ende des Mittelalters und bis zur Säkularisation zu Beginn des 19. Jahrhunderts 42 Präbenden aufwies und damit eines der größten der Reichskirche war – gab es zwei besondere Ämter: Der Dompropst
war zuständig für die Verwaltung des domkapitularischen Landbesitzes
und Vermögens, wohingegen der Domdechant als »pastor primarius« für
die im engeren Sinn kirchlich-liturgischen Belange verantwortlich zeichnete; weswegen die Priesterweihe auch Voraussetzung für seine Wahl war.

In etwa parallel zur »Kompetenzenabklärung« zwischen Bischof und
Domkapitel kam es auch zu einer Emanzipation der Stadt Hildesheim, die
1249 ein eigenes Stadtrecht erhielt und zunehmend eine eigene, bischofs-
und domkapitelsunabhängige Politik zu verfolgen begann. Unter anderem
schloss sie 1250 ein Bündnis mit den Städten Braunschweig und Goslar
ab, wie sie 1256 Bischof Heinrich I. (1246–1257) auch keinen Beistand in
seiner Auseinandersetzung mit dem braunschweigischen Herzog Albrecht
(1252–1279) leistete und es im 15. Jahrhundert zu erheblichen Auseinandersetzungen zwischen Bischof und Stadt um verschiedene Steuern kam.
Eine Konsequenz der Hildesheimer Bischöfe: sie verließen den Domhof
resp. das Bischöfliche Palais und lebten fortan meist in ihren Burgen Steuerwald und Marienburg, nördlich bzw. südlich von Hildesheim.

Vom 15. bis zum 19. Jahrhundert

Um 1500 gab es im rund 3.000 qkm großen Bistum Hildesheim – zum Vergleich: Heute ist das Bistum Hildesheim ungefähr zehnmal so groß – 318 Pfarreien, von denen sich 63 im Eigenkirchenrecht des Bischofs befanden, 116 unter einem weltlichen Patronat standen und 139 geistlichen Korporationen zugehörig waren. Ebenso gab es im Bistum Hildesheim neun Kanonikerstifte, fünf Benediktiner- und zwei Zisterzienserabteien, fünf Augustinerchorherrenstifte, ein Kartäuserkloster, fünf Zisterzienserinnenklöster, 16 Kanonissenstifte und Benediktinerinnenklöster, eine Dominikaner- und drei Franziskanerniederlassungen sowie zwei Niederlassungen der Magdalenerinnen – die alle Anteil besaßen an den verschiedenen Reformen des klösterlichen wie kirchlichen und volksfrommen Lebens gerade im 15. Jahrhundert. So kam etwa um 1430 die von Gerhard Groot (1340–1383) gegründete Kongregation der »Brüder vom gemeinsamen Leben« nach Hildesheim, die hier durch Gebet und Betrachtung, Studium der Hl. Schrift, Fürsorge für bedürftige Schüler sowie »ernste Arbeit und stete Entsagung, tiefe Gottinnigkeit im Geiste der Liebe« rasch Beachtung fanden, wie Johannes Busch (1400–1479/80) und Kardinal Nikolaus von Kues (1401–1461) – in enger Zusammenarbeit mit Bischof Magnus (1424–1452), Bischof Ernst I. (1458–1471) und Bischof Henning (1471–1481) – die Hildesheimer Klöster visitierten und korrigierten. Über Buschs Tätigkeit heißt es in Bertrams Bistumsgeschichte u. a.

»In der Sülte tat eine Erneuerung klösterlichen Sinnes am meisten Not, weil die Klosterzucht arg gelockert und bedauerliche Fehltritte vorgekommen waren. … Leicht gelang Busch die Reform des Magdalenerinnenklosters, wo gute Zucht und frommer Sinn bei den Schwestern herrschte. … Bei den Fraterherren in Hildesheim fand Busch nichts zu re-

Kloster Marienrode

formieren. Auch dem Kollegiatstifte im Schüsselkorb widmete er Worte des Lobes und der Anerkennung. 1440 begann er die Reform der Benediktinerinnen zu Escherde, die er in guter Zucht und Ordnung fand, und der Augustinerinnen in Derneburg; die letzteren wollten in die Einführung des gemeinsamen Lebens sich nicht fügen, weshalb 1442 Bischof Magnus eines Morgens im Kloster erschien, alle Nonnen auf Wagen setzen und in andere Klöster bringen ließ und Zisterzienserinnen aus Wöltingerode hier einführte.«

Kardinal Nikolaus von Kues hat in Hildesheim u. a. die beiden großen Benediktinerabteien visitiert, die er zur Rückbesinnung auf die Regel des hl. Benedikt der »Bursfelder Kongregation« anschloss, wie er auch »durch Predigten und Ermahnungen, durch Verwaltung des Bußsakraments und durch verschiedene Anordnungen auf das religiöse Leben des Volkes« einwirkte.

Auch politisch war das 15./16. Jahrhundert eine »unruhige Zeit«, deren unrühmlichen Höhepunkt die sog. Hildesheimer Stiftsfehde von 1519 bis 1523 bildete. Durch massive Sparmaßnahmen versuchte Bischof Johann von Sachsen-Lauenburg (1504–1527) die in den Vorjahren immer misslicher gewordene finanzielle Situation des Stifts resp. Bistums Hildesheim zu verbessern und verpfändete Stiftsburgen und -güter wieder einzulösen. So u. a. 1513 das Haus Lutter und die Burg Bockenem von der im Hildesheimischen wie im Braunschweigischen begüterten Familie von Saldern, die sich diesem Ansinnen allerdings widersetzte und beide Häuser erst nach einem Rechtsgutachten des als Vermittler eingeschalteten Erzbischofs von Magdeburg verließ, wonach sich Hans von Saldern ganz dezidiert zum Feind des Bischofs und des Stifts erklärte. Rasch wurde aus einer zunächst lokalen Auseinandersetzung ein »Flächenbrand«, weil sich nunmehr die dem Stift resp. Bistum benachbarten, untereinander keineswegs eine Linie verfolgenden welfischen Herzöge einschalteten: Auf der Seite des Hildesheimer Bischofs stand Herzog Heinrich von Lüneburg (1486–1520), auf der gegnerischen Seite Herzog Erich I. von Calenberg (1495–1540), Herzog Heinrich der Jüngere von Wolfenbüttel (1514–1568) und der welfische Bischof Franz von Minden (1508–1529). Und auch wenn die Hildesheimer Partei in der Anfangsphase der Auseinandersetzung durchaus den einen oder anderen Sieg – u. a. 1519 bei Soltau – erringen konnte: Mittel- und langfristig konnte sich Bischof Johann nicht behaupten, zu stark war die politische Unterstützung seiner Gegenseite, die auch militärisch immer stärker wurde und etwa im Herbst 1521 Hunnesrück, Dassel, Markoldendorf, Bodenwerder, Hameln, Lauenstein, Aerzen, Grohnde, Poppenburg und Gronau eroberten. Vor diesem Hintergrund erklärten am 15. Juni 1522 die Stände des Hochstifts Hildesheim ihrem Bischof, nur noch bis August die Fehde weiterführen zu wollen: Das Land und die Untertanen seien ganz und gar »in den Grund verdorben« und schon viel zu viel Geld verloren. Dennoch gelang keine »interne« Verhandlungslösung, sie wurde erst – nach einem entsprechenden »Anstoß« durch den Nürnberger Reichstag – am 13. Mai 1523 durch den »Quedlinburger Rezess« möglich. Danach musste der Bischof von Hildesheim den größten Teil seines Territoriums an die Herzöge Erich und Heinrich den Jüngeren abtreten; sieben Jahre wurden sie mit eben diesen Städten, Dörfern und Burgen auch noch förmlich durch Kaiser Karl V. belehnt. Das dem

Bischof – und Domkapitel – verbliebene »Kleine Stift« umfasste nunmehr lediglich die Städte Hildesheim und Peine sowie die Ämter Marienburg, Steuerwald, Peine und die Dompropstei mit 90 Dörfern. Erst gut 100 Jahre später und damit im Zuge des Dreißigjährigens Krieges wurde den Hildesheimer Fürstbischöfen das »Große Stift« restituiert, wodurch sie – leicht modifiziert durch die Beschlüsse des Westfälischen Friedens von 1648, der für das gesamte Reich die konfessionellen Besitzstände des Jahres 1624 (»Normaljahr«) als verbindlich festschrieb – ein konfessionell differentes Territorium regierten – was sich so bis zur Neuumschreibung des Bistums zu Beginn des 19. Jahrhundert erhalten hat.

Auch in der Stadt Hildesheim stießen die reformatorischen Ideen Martin Luthers schon früh auf ein reges Interesse, doch der Magistrat stellte die Verbreitung lutherischer Schriften 1524 unter Strafe. Erst nach dem Tod von Bürgermeister Hand Wildefuer (1526–1541) genehmigte der Magistrat – wie vor ihm schon die Nachbarstädte Goslar, Braunschweig, Göttingen und Hannover – am 27. August 1542 die Feier eines evangelisch-lutherischen Gottesdienstes in der Stadt Hildesheim: eine Reaktion auf das diesbezügliche Interesse weiter Kreise der Bürgerschaft Hildesheim; teils aus kirchlich-religiösen Motiven, teils auch aus Unzufriedenheit mit der Steuerpolitik des Magistrats. Zwei Jahre später erhielt Hildesheim eine evangelisch-lutherische Kirchenordnung, katholisch blieben lediglich das Domkapitel, die Benediktinerabteien St. Michael und St. Godehard, die Kollegiatstifte Hl. Kreuz, St. Andreas, St. Johannis, St. Mauritius, das Augustinerchorherrenstift St. Barthomoläus zur Sülte, die Klöster der Kartäuser und der Magdalenerinnen sowie das Stift im Schüsselkorb. Im Jahr 1553 bestätigte der selbst evangelisch gesinnte Bischof Friedrich von Holstein (1551–1556) der Stadt Hildesheim den Bestand der evangelisch-lutherischen Konfession, wie er sogar die Verbreitung der »neuen Lehre« in den Hildesheimer Stiftsdörfern unterstützte – das Bistum schien sich insgesamt der neuen Konfession zuzuwenden.

Den entscheidenden Wendepunkt brachte die Bischofswahl vom 31. März 1557, in der sich der bisherige Dompropst Burchard von Oberg (1557–1573) durchsetzte. In ungemein moderater und geschickter Weise stellte er die Weichen in Richtung einer umfassenden und dauerhaften Rekatholisierung des Stifts, wozu u. a. die Anerkennung des evangelischen Besitzstandes der Stadt Hildesheim bei gleichzeitiger Zusicherung des

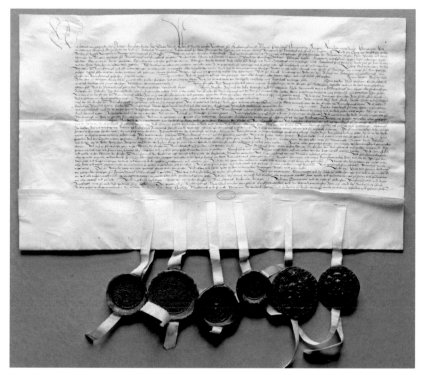

Urkunde des Quedlinburger Rezesses, 1523

dauerhaften Weiterbestands der katholischen Kirchen und Einrichtungen im Jahr 1562 gehörte. Als sich ab 1568 mit dem Regierungsantritt von Herzog Julius von Braunschweig-Lüneburg-Wolfenbüttel im Fürstentum Wolfenbüttel und in den unter braunschweigischer Herrschaft stehenden Teilen des Stifts Hildesheim endgültig die Reformation durchsetzte, sah Bischof Burchard von Oberg hierin eine massive Gefahr für das Bistum Hildesheim resp. seinen konfessionellen Status: Auf Dauer werde dieses sich in einem komplett evangelischen Umfeld nicht behaupten können – außer man gewönne eine der großen katholischen Dynastien des Reiches als »Beistand«. Insofern nahm der Hildesheimer Bischof Verhandlungen mit den Wittelsbachern auf, um Prinz Ernst von Bayern – bereits Bischof von Freising – als Koadjutor und damit eigenen Nachfolger zu gewin-

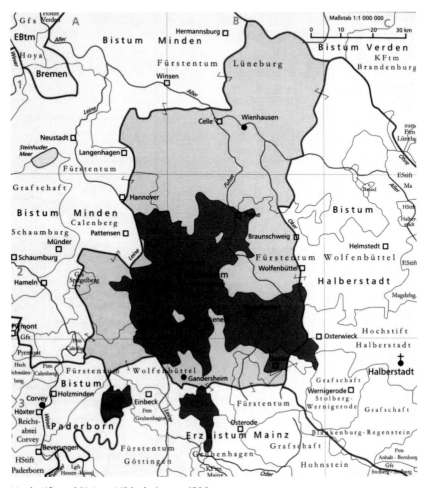

Hochstift und Bistum Hildesheim um 1500

nen, womit er allerdings zunächst in München wie auch bei der Kurie in Rom auf doch recht deutliche Skepsis stieß: aus Sorge vor massiven Auseinandersetzungen mit den protestantischen Landesherren in Norddeutschland. Dennoch wählte das Hildesheimer Domkapitel nach Bischof Burchard von Obergs Tod auf seiner Sitzung am 7. März 1573 eben diesen Ernst von Bayern zum neuen Bischof von Hildesheim (1573–1612). Mit ihm begann eine Reihe von Wittelsbacher Herzögen auf dem Hildesheimer Bischofsstuhl, die – abgesehen von einer Unterbrechung von 1688–1702 – fast 200 Jahre bis 1761 andauerte und ein wesentlicher Faktor für den dauerhaften Weiterbestand des katholischen Bistums Hildesheim war. Neben dem Bistum Hildesheim übernahmen die Wittelsbacher im Norden und Nordwesten des Reiches noch weitere Bistümer: Lüttich, Münster, Paderborn und Osnabrück sowie das Erzbistum Köln, das seit 1583 bis weit ins 18. Jahrhundert hinein den Mittelpunkt ihrer Sekundogenitur bildete; die päpstliche Dispens zur Übernahme von fünf oder sogar sechs Bistümern durch einen einzigen Bischof gründete in deren Existenzgefährdung resp. Säkularisationsgefahr.

Wesentliche Maßnahmen von Fürstbischof Ernst von Bayern – der sich selbst wie auch seine Nachfolger nur selten im Bistum Hildesheim aufhielt – zur Reform des katholischen Kirchenwesens resp. Rekatholisierung des Stifts Hildesheim waren die Einrichtung eines Geistlichen Rats für die Verwaltung des Bistums, die Gewinnung von Jesuiten für die Ausbildung eines qualifizierten katholischen Klerus und die Durchführung von Visitationen zur Feststellung der realen Gegebenheiten in seinem Bistum. Dabei ergab die intensive Visitation von 1608/09, dass die Dörfer des Amts Marienburg und der Dompropstei sowie die domkapitularischen Dörfer katholischer Konfession waren, wohingegen das Amt Peine lutherischer und das Amt Steuerwald gemischter Konfession war – wie auch deutlich wurde, dass die Besetzung einer Pfarrstelle mit einem katholischen Pfarrer (natürlich) über kurz oder lang die gesamte Gemeinde wieder dieser Konfession zuführte. Insofern lag denn auch ein besonderes Augenmerk von Bischof Ernst von Bayern und seinem Domkapitel auf der Ausbildung des angehenden Klerus, die sie 1595 den acht Jahre zuvor nach Hildesheim gekommenen Jesuiten übertrugen: In diesem Jahr übernahm die acht Mitglieder zählende »Residentia Hildesiensis« die vorherige Domschule unter dem Namen Mariano-Josephinum, das bereits 1612 rund 300 Schüler zählte.

Weitere ernsthafte Reform- und Rekatholisierungsbemühungen unternahm Fürstbischof Ferdinand von Bayern (1612–1650); ein Neffe seines Vorgängers auf dem Hildesheimer Bischofsstuhl. Unter Bezug auf ein Urteil des Reichskammergerichts von 1629 ging Fürstbischof Ferdinand von Bayern die Wiederinbesitznahme des »Großen Stifts« an, ohne diese

Gymnasium Josephinum in Hildesheim

jedoch dauerhaft durchsetzen zu können: Mit Vordringen der schwedischen und welfischen Truppen im Laufe des Dreißigjährigen Kriegs kam es 1634 sogar zur Besetzung der Stadt Hildesheim und Feier lutherischer Gottesdienste im hiesigen Dom. Eine verlässliche »Neuregelung« der politischen wie kirchlich-konfessionellen Verhältnisse gelang 1642/43. Die braunschweigischen Herzöge überließen dem Hildesheimer Bischof das »Große Stift«, wofür dieser dem hier ansässigen Adel und sonstigen Bewohnern die Beibehaltung der evangelischen Konfession für 70 bzw. 40 Jahre gestattete: eine Regelung, die der Westfälische Friedensschluss von 1648 wieder revidierte, indem jetzt der Konfessionsstand des Jahres 1624 als maßgeblich festgeschrieben wurde.

Unter Leitung von Fürstbischof Maximilian Heinrich von Bayern (1650–1688) wurde am 12./13. April 1652 in Hildesheim eine Diözesansynode durchgeführt, die u. a. die Umsetzung der Beschlüsse des Konzils von Trient (1545–1563), die Residenzpflichts des Pfarrklerus und die Verwendung des römischen Breviers und Missales verpflichtend vorschrieb. In seine Amtszeit fielen auch die Einrichtung eines Seminars für den angehenden Klerus, die Stiftung einer umfangreichen Bibliothek am Dom durch Pfarrer Martin Bever aus Groß Förste, der Neubau der Kartause und die Übergabe des Benediktinerklosters Lamspringe an Benediktiner aus England samt dem Bau einer neuen Klosterkirche, wie jetzt auch Kapuziner nach Hildesheim und Peine, Dominikaner nach Gronau sowie Annuntiatinnen nach Hildesheim kamen. Ein deutliches Bild des Bistums Hildesheim zeichnete die 1657 durch Weihbischof Adamus Adami (1652–1663) vorgenommene Visitation, über die Adolf Bertram in seiner Bistumsgeschichte u. a. schreibt:

»Wohl fehlte es nicht an Stiften und Klöstern, aber das Wichtigste, die Pfarreien, waren zum größten Teil der Kirche genommen, und dem Wirken der Geistlichkeit auf Wiedergewinnung des Verlorenen war durch den Westfälischen Frieden und den Widerstand der protestantischen Mächte in Niedersachsen eine Riegel vorgeschoben.«

Einen gewissen Einblick in das Kirchen- und Frömmigkeitsverständnis der Zeit gibt ein Visitationsdekret für die Pfarrei Wohldenberg (bei Holle) aus dem Jahr 1667, in dem es u. a. heißt:

IHS-Monogramm, »Ordenslogo« der Jesuiten

»Der Pastor soll seinen Pfarrgenossen befehlen, dass sie an denjenigen Festtagen, welche ›festa devotionis‹ genannt und außer der Kirchen an etlichen Orten nicht gefeiert werden, vormittags der hl. Messe beiwohnen und dann zu ihrer Arbeit gehen sollen; auch alle ermahnen, die hohen Festtage ohne Beichte und Kommunion nicht vorbeigehen zu lassen. ... Die Katholiken der umgebenden lutherischen Orte Holle, Hackenstedt, Sottrum pp. sollen bei Strafe von 5 Goldfloren zur Kapelle in Woldenberg sich bekennen. Alle ihre Namen soll der Pastor seinem Kataloge vereinnahmen. ... Der Pastor soll die christliche Lehre fleißig halten, und müssen alle Eltern ihre Kinder und Gesinde hinschicken, auch sollen sich die Eltern nicht der Lehre entziehen. Damit dieses allerhöchst nötige und nützliche Werk befördert werde, soll der Pastor zur Winterszeit seine Predigt umso kürzer machen und an Platz des Predigens die Jugend vornehmen und unterweisen. Katholische Eltern sollen ihre Kinder nicht zur lutherischen Schule schicken, bei Strafe von 5 Gold-

Vereinbarung über die Vertretung des Dompredigers Heinrich Winnichen durch den Jesuiten Johannes Hammer

Wappen von Joseph Clemens von Bayern, 1702–1723 Bischof von Hildesheim

Innenansicht des barockisierten Hildesheimer Domes

floren. ... Der Pastor soll alle Jahr die Prozessionen auf Himmelfahrt und am Montags in den hl. Pfingsten hochfeierlich halten, damit die lieben Früchte in umliegenden Feldern und Plätzen mögen bewahret und dieses ganze Stift vor Pest und anderen Krankheiten behütet werden. ... Bestraft wird, wer ohne Erlaubnis des Pastors an Sonn- und Festtagen arbeitet, die hl. Messe versäumt oder vorm Ende herausgeht.«

Die Herrschaft der bayerischen Herzöge über das Bistum Hildesheim endete mit Fürstbischof Clemens August von Bayern (1724–1761), der sich – wie auch in den anderen ihm unterstehenden Bistümern – durch eine besondere Bautätigkeit auszeichnete. Unter anderem gelangen in seiner Amtszeit die Barockisierung des Hildesheimer Domes und der St. Mauritiuskirche, der Umbau des Fürstbischöflichen Schlosses am Domhof, der Bau der Schlösser und Kirchen in Liebenburg und Ruthe, wie auch Kirchbauten in Ahrbergen, Bockenem, Bolzum, Groß Düngen, Harsum, Hasede, Himmelsthür, Mehle und Wohldenberg verwirklicht werden konnten. Die von Fürstbischof Clemens August von Bayern 1752 in Kraft gesetzte Diözesanagende sollte der Einheitlichkeit der Liturgie im Bistum Hildesheim dienen, wie die Errichtung von zwölf Pfarrzirkeln eine bessere Kooperation zwischen den Pfarrern benachbarter Kirchengemeinden zum Ziel hatte – wobei diese Impulse nicht von ihm, sondern von seinen Weihbischöfen Ernst Friedrich von Twickel (1724–1734) und Johann Wilhelm von Twickel (1734–1757) ausgingen.

Aufgrund der politischen »Gemengelage« war Anfang der 1760er Jahre der Weiterbestand des Bistums Hildesheim wieder in Gefahr, wodurch das Hildesheimer Domkapitel erst 1763 einen neuen Bischof wählen konnte: Friedrich Wilhelm von Westphalen (1763–1789), ab 1773/82 zudem Fürstbischof von Paderborn sowie ab 1775/80 auch noch Apostolischer Vikar des Nordens. Besondere Akzente setzte Fürstbischof von Westphalen durch eine Verordnung bezüglich des katholischen Volksschulwesens (1763), die Einführung eine neuen Katechismus (1775) und eines neuen Gesangbuchs (1787), die Umschreibung der Pfarrbezirke in der Stadt Hildesheim (1781) sowie eine Reduzierung der Anzahl kirchlicher Feiertage (1784). Als 1773 der Jesuitenorden durch einen Erlass von Papst Clemens XIV. aufgehoben wurde, gelang Fürstbischof Friedrich Wilhelm von Westphalen die Umwandlung und Weiterführung des Gymnasiums Josephinum durch weltliche Lehrer, wie er 1777 auch aus dem Vermögen des aufgehobenen Kartäuserklosters einen Studienfonds zur Ausbildung des Diözesanklerus errichtete.

»Einfachheit, Wohltätigkeit, landesväterliche Sorgfalt und Umsicht, Liebe zum Frieden, väterliche Fürsorge für die Landwirtschaft und das Schulwesen« zeichneten Fürstbischof Franz Egon Freiherr von Fürstenberg (1789–1825) aus; wie sein Vorgänger in Personalunion auch Fürstbischof von Paderborn und Apostolischer Vikar der Nordischen Missionen. In seiner Amtszeit fand in Folge des durch die Französische Revolution angestoßenen europäischen »Umwälzungsprozesses« (auch) die politische Eigenständigkeit des Fürstbistums Hildesheim ihr Ende: Am 3. August 1802 besetzten preußische Truppen den Hildesheimer Domhof und nahmen damit das bisherige Fürstbistum Hildesheim in Besitz; das Fürstbistum – acht Städte, vier Marktflecken, 254 Dörfer und 52 Adelssitze mit einer Gesamtfläche von etwa 54 Quadratmeilen – zählte zu diesem Zeitpunkt rund 112.000 Einwohner, darunter 20–25 % Katholiken in rund 50 Pfarreien. Parallel zur Herrschaftssäkularisation kam es – festgeschrieben durch den sog. Reichsdeputationshauptschluss vom 25. Februar 1803 – zu einer umfassenden Vermögenssäkularisation, fielen doch auch sämtliche Kirchengüter, Klöster und Stifte an den Staat: »Alle Güter der Domkapitel und ihrer Dignitarien werden den Domänen der Bischöfe einverleibt und gehen mit den Bistümern auf die Fürsten über, denen diese angewiesen sind«; betroffen hiervon waren im Heiligen Römischen Reich Deutscher Nation die Kurfürstentümer Mainz, Köln und Trier, das Erzstift Salzburg, 18 Hochstifte, rund 80 reichsunmittelbare Abteien und Stifte sowie über 200 Klöster. Im Bistum Hildesheim verfügte König Friedrich Wilhelm III. noch im selben Jahr die Auflösung der Männerklöster in Hildesheim, Derneburg, Grauhof, Riechenberg, Ringelheim und Lamspringe, der 1809/10 – inzwischen hatte Preußen das heutige Niedersachsen an Frankreich abtreten müssen – noch die Aufhebung der Frauenklöster und Stifte in Wöltingerode, Dorstadt, Heiningen, Escherde und Hildesheim folgte; weil sie »unter den gegenwärtigen Zeitumständen für die bürgerliche Gesellschaft von keinem weiteren Nutzen« seien.

Bischof Franz Egon von Fürstenberg (1789–1825)

Das 19. Jahrhundert

Eine grundlegende politische Neuordnung Europas nach einem Viertel-jahrhundert revolutionärer und kriegerischer Auseinandersetzungen er-reichte 1814/15 der Wiener Kongress, durch den das vormalige Fürstbistum Hildesheim dem neu errichteten Königreich Hannover zugewiesen wurde, das in seinen territorialen Grenzen in etwa dem heutigen Niedersachsen entsprach; lediglich die Herzogtümer Oldenburg und Braunschweig und das Fürstentum Schaumburg-Lippe blieben selbständig. Zur »Beruhigung der Gewissen und Zufriedenheit der katholischen Untertanen« begann die hannoversche Regierung umgehend Gespräche mit dem Hl. Stuhl über die Neuorganisation des katholischen Kirchenwesens, die 1824 mit der päpst-lichen Zirkumskriptionsbulle »Impensa Romanorum Pontificum« zum Abschluss gelangten: ein »Grundlagenvertrag« zwischen Kirche und Staat, durch den das Bistum Hildesheim auf den gesamten östlich der Weser ge-legenen Teil des Königreichs Hannover erweitert wurde; 1834 konnte der Hl. Stuhl noch eine ergänzende Vereinbarung mit dem Herzogtum Braun-schweig abschließen, das damit ebenfalls dem Bistum Hildesheim zugehö-rig wurde. Kirchen resp. Gemeinden gab es im neuen Bistum Hildesheim in Stadt und Stift Hildesheim (55 Pfarreien), im vom Erzbistum Mainz an Hildesheim gelangten Untereichsfeld (20 Pfarreien sowie 13 Filialkirchen), in den bisher zum Apostolischen Vikariat des Nordens gehörigen Städten Hannover, Göttingen und Celle sowie in den braunschweigischen Städten Braunschweig, Wolfenbüttel und Helmstedt.

Der konkrete Anstoß für den Wiederbeginn katholischen Lebens in Hannover war die Konversion von Herzog Johann Friedrich von Calen-berg-Göttingen-Grubenhagen im Jahre 1651 gewesen, der unter dem Ein-druck der Geschlossenheit der katholischen Glaubenslehre und der rela-tiven Pracht des katholischen Gottesdienstes in Italien zum Katholizismus

St. Clemens in Hannover, erste katholische Kirche
in Hannover nach der Reformation

übergetreten war, 1665 in Hannover die Regierung übernommen und hier umgehend eine katholische Seelsorgestation eingerichtet hatte. 1718 konnte in Hannover die St. Clemens-Kirche geweiht werden, weit über die Stadt Hannover hinaus wirksame Seelsorger der Gemeinde waren die Apostolischen Vikare Valero Maccioni (1665/67–1676), Niels Stensen (1676–1686) und Agostino Steffani (1709–1728).

In Celle wurden ab 1672 katholische Gottesdienste gefeiert, vornehmlich für die am Hof akkreditierten Diplomaten, Handwerker, Künstler und Soldaten. Ein erster eigener Seelsorger kam 1678 hierher, wobei der Gottesdienstraum bis ins 19. Jahrhundert hinein ein Provisorium blieb; die St. Ludwig-Kirche wurde 1834 gebaut.

In Göttingen war 1737 eine Universität gegründet worden, für deren katholische Studenten die hannoversche Regierung 1746/47 zunächst nur die Erlaubnis zur »Feier privater katholischer Gottesdienste in einem gemieteten Hause« erteilte. Erst 1787/89 konnte die St. Michaels-Kirche errichtet werden.

Im Herzogtum Braunschweig war im Benediktinerkloster Helmstedt auch nach der Reformation noch katholischer Gottesdienst gefeiert worden, neue Gemeinden und Kirchen entstanden nach der Konversion von Herzog Anton Ulrich im Jahre 1710 in Wolfenbüttel und Braunschweig; die Weihe der Braunschweiger St. Nicolai-Kirche am 3. Dezember 1712 nahm der hannoversche Weihbischof Agostino Steffani vor.

Am 1. Juli 1828 konstituierte sich das neue Hildesheimer Domkapitel – das am 26. März 1829, also fünf Jahre nach der Neuordnung des Bistums durch die Zirkumskriptionsbulle, den ersten Bischof des neuen Bistums Hildesheim wählte: den vormaligen Domdechanten Joseph Godehard Osthaus.

Bischof Osthaus (1829–1834) war staatskirchlichen Ideen nicht ganz abgeneigt, d. h., er kam der hannoverschen Regierung relativ weit entgegen: Unter anderem verzichtete er auf die in der Zirkumskriptionsbulle vereinbarte Dotierung des Bistums in Liegenschaften, wohingegen er sich vehement gegen die Trauung von Brautpaaren aussprach, bei denen eine katholische Kindererziehung von vornherein ausgeschlossen schien. Seinem umsichtigen Wirken verdankt das Bistum Hildesheim auch die Neueinrichtung eines Priesterseminars im Jahr 1834. Bischof Franz Ferdinand Fritz (1836–1840) setzte den Kurs seines Vorgängers im Wesentlichen fort,

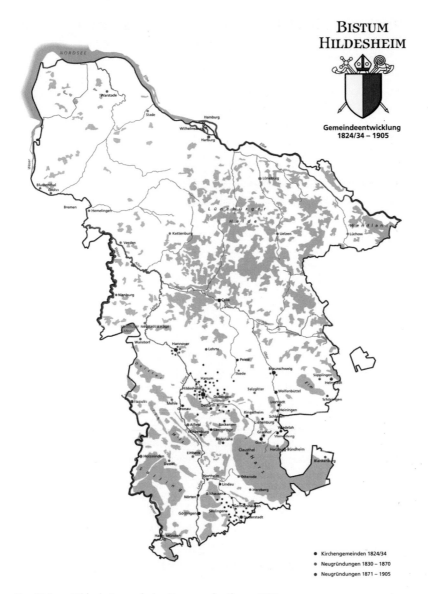

● Kirchengemeinden 1824/34
● Neugründungen 1830 – 1870
● Neugründungen 1871 – 1905

Das Bistum Hildesheim nach der Neuumschreibung 1824

wichtigste Neuerungen seines Episkopats waren eine neue Dekanatsord-
nung im Jahr 1838 und die Einführung regelmäßiger Dekanatskonferenzen
als eine Art kontinuierliches Pastoralforum. In Konflikt mit der hannoverschen Regierung geriet er 1843 durch die Herausgabe eines staatlicherseits
nicht approbierten Schul-Katechismus, den er auf deren Drängen dann
auch wieder zurückzog.

Den Bischöfen Osthaus, Fritz und Wandt ist in ihrer Amtszeit eine
»Grundstabilisierung« des Bistums Hildesheim in der neuen Zeit gelun-
gen. An ihre Arbeit konnte Bischof Eduard Jakob Wedekin (1849/50 – 1870)
anknüpfen und so das Bistum in mannigfacher Weise »weiten«; Adolf
Bertram bezeichnet ihn in seiner Bistumsgeschichte vollkommen zu Recht
als den eigentlichen Erneuerer des Bistums Hildesheim nach der Säkularisation. In den katholischen Kerngebieten des Bistums erbaute er diverse
neue Kirchen, gründete im Interesse der Seelsorge, Krankenpflege und des
Schulwesens klösterliche Niederlassungen und begann vor allem mit dem
Aufbau eines Kirchen- und Gemeindenetzes in der Diaspora.

Wichtige Rahmenbedingung für diese positive Entwicklung war die
Kirchenpolitik der hannoverschen Regierung unter König Georg V., der
in der katholischen Kirche einen innenpolitischen Stabilitätsfaktor sah
und die staatlichen Aufsichtsrechte eher zurückhaltend wahrnahm. In-
folgedessen erreichte Bischof Wedekin – in Zusammenarbeit mit Ludwig
Windthorst, dem ersten katholischen Minister des Königreichs Hannover – u. a. ein kirchliches Mitspracherecht bei der Anstellung von Volks-
schullehrern und beim Erlass allgemeiner schulischer Anordnungen.

Infolge des zwischen 1850 und 1870 deutlichen Anstiegs der Katholikenzahl von 66.000 auf knapp 84.000 – also einem Plus von fast 30 % –
sowie vor dem Hintergrund der rasant zunehmenden Industrialisierung
und der damit verbundenen Binnenmigration entstanden neue Kirchengemeinden u. a. in Hameln, Nienburg, Lüneburg, Hannoversch Münden,
Verden, Harburg, Neustadt a. Rbge. und Holzminden.

Ein typisches Beispiel für das allmähliche »Einwurzeln« der katholischen Kirche in der Diaspora ist die Gründung und frühe Entwicklung
der unweit Bremens gelegenen Gemeinde Blumenthal, wo sich Mitte des
19. Jahrhunderts ein Zentrum textilverarbeitender Industrie entwickelte.
Nachdem die vornehmlich aus dem Rheinland und dem Untereichsfeld
hierher gekommenen rund 150 Katholiken über einige Jahre hinweg mehr

Bischof Eduard Jakob
Wedekin (1850–1870)

schlecht als recht von Bremen aus seelsorglich betreut worden waren, kam 1854 der Duderstädter Kaplan Carl Wilhelm Nürnberg als erster ständiger Geistlicher nach Blumenthal: bis Bremen per Bahn, dann mit dem Schiff bis Vegesack und schließlich die letzten Kilometer zu Fuß. Im Privathaus der Familie Montag, wo bisher schon die periodischen Gottesdienste stattgefunden hatten, fand er erste Unterkunft. Begleitet wurde er von seiner Schwester und Haushälterin, in deren Lebenserinnerungen es u. a. heißt:

»Die Familie Montag hatte ihre Webstühle auf den Speicher gebracht, wodurch zwei große Räume gewonnen waren – einer für die Kapelle und ein angrenzender für die Schule. Unsere Wohnung war sehr beschränkt. Das Haus war von allen Seiten reichlich mit Fenstern versehen, die viel Luft, im Winter aber auch viel Kälte hereinließen. Mein Bruder hatte zwei kleine Zimmer mit einer Verbindungstür. ... Die Stube war so klein, dass man nur das Allernötigste dort unterbringen konnte, sie war Wohn-, Ess-, Studier- und Empfangsraum.«

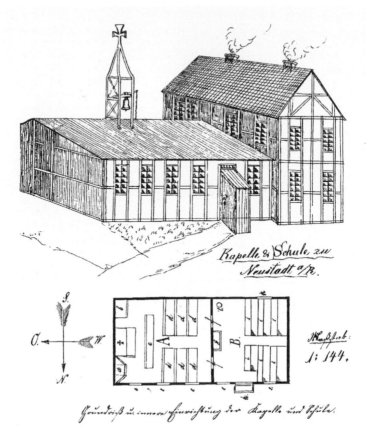

Missionshaus in Neustadt am Rübenberge: Kirche, Schule und Pfarrhaus unter einem Dach

Seitens des Bischöflichen Generalvikariats erfuhren die Gemeinden im 19. Jahrhundert nur eine relativ geringe materielle Unterstützung, gab es doch noch keine Kirchensteuer, geschweige denn eine zentrale kirchliche Finanzverwaltung: finanzielle Belange mussten vor Ort geklärt werden. In der Diaspora, wo die Kirche anders als in den katholischen Kerngebieten über keinen Grundbesitz verfügte, geschah dies zum einen durch sog. Bettelbriefe an überdiözesan organisierte katholische Vereine wie etwa den Bonifatiusverein und an wohlhabende Persönlichkeiten des öffent-

St. Marien-Kirche in Bremen-Blumenthal

lichen Lebens, zum anderen durch sog. Bettelreisen ins Stift Hildesheim, ins Untereichsfeld oder auch ins Rheinland. Carl Wilhelm Nürnberg war dabei so erfolgreich, dass er schon nach einem Jahr ein Grundstück für die projektierte Kirche samt Schule und Pfarrhaus ankaufen konnte; die St. Marien-Kirche wurde am 2. Oktober 1859 durch Bischof Wedekin konsekriert.

Grundsätzlich war im Bistum Hildesheim mit der Gründung einer Gemeinde auch die Einrichtung einer katholischen Volksschule verbunden, an welcher der jeweilige Geistliche stets auch selbst so lange Unterricht erteilte, bis die Finanzierung einer eigenen Lehrerstelle möglich war. In Blumenthal gelang dies 1861, wie die Schule drei Jahre später auch in eine Mädchen- und Jungenklasse geteilt werden konnte.

In seiner eigentlichen seelsorglichen Arbeit war Nürnberg bemüht, in evangelischer Umgebung keine antikatholischen Reaktionen hervorzurufen, weswegen er u. a. auf die andernorts üblichen Hausbesuche in konfessionell verschiedenen Ehen verzichtete oder auch keine Einwände gegen die Bestattung eines Katholiken auf dem evangelischen Friedhof erhob. Gerade an den »Schnittpunkten« des Lebens wie Taufe, Einschulung, Kommunion, Hochzeit und Begräbnis kam es in der Diaspora immer wieder zu Inkonsequenzen, die pragmatische und realitätsorientierte Geistliche wie Carl Wilhelm Nürnberg zu akzeptieren wussten.

In den katholischen Kerngebieten konnten etliche Großbauprojekte realisiert werden, in Hildesheim selbst u. a. der Bau der neuen Domtürme und die Grundrenovierung der St. Godehardi-Kirche, letztere finanziert durch die Hannoversche Klosterkammer als Eigentümerin. Im Untereichsfeld wurden einige Kirchen erweitert bzw. durch Neubauten ersetzt. So konstatierte etwa 1866 der Pfarrer von Rüdershausen: »Die Kirche ist viel zu klein, da sie nicht einmal die Hälfte der hiesigen Einwohner fasst. Viele bleiben deshalb den Gottesdiensten fern, teils aus Furcht vor einem drohenden Einsturz, teils weil sie auch beim besten Willen im Gotteshaus keinen Platz mehr finden.« Ein Jahr später wurde das marode Kirchengebäude abgerissen und an selber Stelle für 25.000 Rtr. eine neue Kirche errichtet, in der die Gemeinde im Oktober 1868 den ersten Gottesdienst feierte. Die feierliche Konsekration der St. Andreas-Kirche nahm Bischof Daniel Wilhelm Sommerwerck (1871–1905) erst sechs Jahre später im Rahmen einer Firmreise vor, ein im 19. Jahrhundert übliches Procedere, auf den Bischof mochte man nach Fertigstellung eines neuen Kirchengebäudes damals nicht unbedingt warten.

Erhebliche Bedeutung für die positive Entwicklung des Bistums Hildesheim ab der Mitte des 19. Jahrhunderts besaß die durch Bischof Wedekin mit großem Nachdruck geförderte Neuansiedlung von Orden und Kongregationen: Kapuziner bzw. Franziskaner und Augustiner kamen nach Ottbergen und Germershausen, Schulschwestern vom Dritten Orden des hl. Franziskus ins Untereichsfeld, Vinzentinerinnen nach Hildes-

St. Bernward-Krankenhaus – ehemalige Karthause in Hildesheim, um 1852

heim und in zahlreiche weitere Orte im gesamten Bistum sowie nicht zuletzt Ursulinen aus Duderstadt nach Hildesheim und Hannover. Sie alle
brachten sich mit großer Energie in ihre jeweiligen Aufgabengebiete ein
und wurden in vielfacher Weise zu »Motoren« des kirchlichen Lebens.

Im Blick auf die ständig größer werdenden Aufgaben im sozial-caritativen Bereich gewannen die »Barmherzigen Schwestern vom hl. Vinzenz
von Paul« für das Bistum Hildesheim besondere Bedeutung: Im Juni 1852
kamen drei Schwestern in die Bischofsstadt, wo sie den südlichen Flügel
des ehemaligen Karthäuserklosters bezogen und hierin ein Krankenhaus
einrichteten, das sie unter das Patronat des hl. Bernward stellten. Bis 1871
wuchs die Kongregation unter Leitung ihrer umsichtigen Generaloberin
M. Theodora Franzen von 13 auf 66 Schwestern mit Niederlassungen zur
Krankenpflege bzw. Kinderbetreuung in Hildesheim, Harsum, Wiedelah,
Hannover, Göttingen, Duderstadt, Celle und Gronau.

Schon bald nach Gründung des Deutschen Reichs am 18. Januar 1871
begann der »Kulturkampf«, der nach der Änderung der preußischen

M. Theodora Franzen,
erste Oberin der Hildes-
heimer Vinzentinerinnen
1852/57–1869

Verfassung im April 1873, den sog. Maigesetzen zur »Vorbildung und Anstellung von Geistlichen« desselben Jahres sowie dem »Brotkorbgesetz«,
dem »Ordensgesetz« und dem »Gesetz über die Vermögensverwaltung
in den katholischen Kirchengemeinden« von 1875 endgültig zum offenen
Kirchenkampf wurde. Die bis dahin ungemein positive Entwicklung des
Bistums mit einem kontinuierlichen Ausbau des Kirchen- und Gemein-
desystems wurde durch den Kulturkampf jäh unterbrochen. Bereits im
Spätsommer 1873 mussten die Lazaristen das von ihnen betreute Hildesheimer Knabenkonvikt verlassen, in dem auswärtige Schüler des Gymnasiums Josephinum wohnten. Wenige Monate später folgte die staatliche
Schließung der Philosophisch-Theologischen Lehranstalt und des Priesterseminars, da sich Bischof Sommerwerck deren staatlicher Revision widersetzte; die Hildesheimer Priesteramtskandidaten mussten auf Ausbildungsstätten in Süddeutschland ausweichen.

Modus vivendi.

Pontifer. Nun, bitte, geniren Sie sich nicht!
Kanzler. Bitte gleichfalls!

Papst Leo XIII., Zentrumsführer Ludwig Windthorst und Reichskanzler Otto von Bismarck im »Kladderadatsch«, 1878

Wie schwierig die »Gesamtgemengelage« war, verdeutlicht beispielhaft der Konflikt um das untereichsfeldische Seulingen. Als der dortige Pfarrer im September 1873 starb, beauftragte Bischof Sommerwerck den erst im Mai geweihten Seminarpriester Arnold Sievers mit der Administration dieser Pfarrei. Analog der Denkschrift des preußischen Episkopats vom Januar desselben Jahres, aber entgegen den staatlichen Bestimmungen zeigte er diese Besetzung dem hannoverschen Oberpräsidenten nicht an – der daraufhin die Beschlagnahme der Kirchenbücher und des Kirchensiegels ankündigte, sämtliche pfarramtlichen Handlungen des Administrators für ungültig erklärte und dessen staatlichen Gehaltszuschuss sperrte. Wegen »widerrechtlicher Amtsausübung« wurde Pfarradministrator Sievers bis Juni 1874 zu insgesamt 1.800 Rtr. Geldstrafe oder ersatzweise 15 Monaten Haft verurteilt, im Juli desselben Jahres während eines privaten Besuchs in Göttingen verhaftet und in »sehr unfreundliche Räume« ins dortige Stadtgefängnis gebracht, von wo aus er später nach Hameln verlegt wurde, wo er bis Oktober 1875 blieb.

Insgesamt verwaiste etwa ein Drittel aller Hildesheimer Gemeinden im Kulturkampf, doch konnte in den meisten Fällen die regelmäßige sonntägliche Messfeier durch Nachbargeistliche aufrechterhalten bleiben. Die Wiederbesetzung freier Seelsorgestellen wurde nach den sog. Milderungsgesetzen ab 1883/84 möglich, woraufhin die im »bayerischen Exil« ausgebildeten Neupriester nach Hildesheim zurückkehrten und langjährige Kapläne vakante Pfarrstellen übernahmen, so dass sich die pastoralen resp. kirchlichen Rahmenbedingungen vergleichsweise rasch wieder normalisierten. Im Mittelpunkt des religiösen Alltagslebens stand – weiterhin – die sonntägliche Eucharistiefeier: Im Stift Hildesheim und im Untereichsfeld gingen rund 90 % der Gemeindemitglieder regelmäßig zum Gottesdienst, in den übrigen Regionen des Bistums immerhin noch 60–80 %. Unter den großen Kirchenfesten kam dem Fronleichnamsfest aufgrund seines Charakters als »demonstratio catholica« besondere Bedeutung zu: Im Kulturkampf auf den Innenraum der Kirchen begrenzt, wurden die Prozessionen um die Jahrhundertwende wieder zu einem »öffentlichen Bekenntnis des Glaubens«, das u. a. in Hildesheim und Hannover noch durch größere Gemeindefeste abgerundet wurde. Wichtige Impulse gingen auch von den immer häufigeren und systematisch vorbereiteten Volksmissionen aus, die unter dem Motto »Rette deine Seele« die Gläubigen wachrütteln wollten.

Fahne zum 25-jährigen
Jubiläum des Katholischen
Kaufmännischen Vereins
in Hildesheim, 1911

Ein besonderes Aufgabenfeld erwuchs der Hildesheimer Bistumsleitung durch die um die Jahrhundertwende bis zu 20.000 dauerhaft oder
saisonal in Industrie und Landwirtschaft tätigen Katholiken polnischer
Muttersprache. Im Rahmen der sog. Polenseelsorge – für Bischof Sommerwerck ein »Liebesdienst gegenüber den polnischen Diözesanen frem-
der Diözesen« und »Mittel zum Schutz von Religion und Sittlichkeit« –
durchreisten ab 1894 jedes Jahr von April bis September Geistliche aus
Krakau oder Galizien nach einem vorher festgelegten Pastorationsplan das
gesamte Bistum: in Hannover, Linden, Wilhelmsburg, Braunschweig, Blumenthal, Lüneburg, Schöningen, Wolfenbüttel und vielen anderen Orten
feierten sie mit ihren Landsleuten Gottesdienst oder boten auch kleinere
Missionswochen an – mit meist beachtlicher Resonanz, wie auch regie-
rungsseitig immer wieder positiv festgestellt wurde.
    Zu einem wichtigen Faktor und Multiplikator kirchlicher Existenz
entwickelte sich in der zweiten Hälfte des 19. Jahrhunderts auch im Bistum Hildesheim das katholische Vereinswesen: Zusammenschlüsse von

Laien in mehr oder weniger enger Anbindung an die Amtskirche und mit ganz unterschiedlichen Zielsetzungen, in denen sich kirchliches Leben ganz wesentlich realisierte, wobei den Gesellen-, Arbeiter- und Marienvereinen, dem Volksverein, den Vinzenz- und Elisabethvereinen und nicht zuletzt dem Bonifatiusverein besondere Bedeutung zukam; ohne die im Bonifatiusverein gebündelte Unterstützung aus anderen Bistümern wäre das Diasporabistum Hildesheim nicht überlebensfähig gewesen.

Weit verbreitet waren insbesondere die auf Adolf Kolping zurückgehenden Gesellenvereine, deren Mitglieder meist wöchentlich oder zweiwöchentlich zusammenkamen: zum »allgemeinen Unterricht« in Deutsch oder Rechnen, zur berufsspezifischen Weiterbildung, zu Vorträgen über sozialpolitische Themen oder kirchlich-spirituelle Fragen der Zeit sowie zum geselligen Miteinander und nicht zuletzt zum gemeinsamen Gottesdienst. In Gesellenhäusern fanden die Vereinsmitglieder zudem für eine gewisse Zeit kostengünstige Übernachtungsmöglichkeiten; das 1892/93 in Hannover bei St. Clemens errichtete Gesellenhaus konnte bis zu 120 Gesellen aufnehmen. Relevant waren auch die Arbeitervereine, die vor allem einer Entfremdung der Arbeiter von der Kirche entgegenzuwirken bemüht waren. Insofern unterhielten sie in Hannover und Hildesheim – gemeinsam mit dem Volksverein – auch »Soziale Auskunftsbüros«, in denen die Vereinsmitglieder in allen Berufs- und Familienangelegenheiten gleichermaßen kompetente wie unbürokratische Hilfe fanden.

1880 zählte das Bistum Hildesheim 91.878, zehn Jahre später rund 120.000, um die Jahrhundertwende schon 161.800 und 1910 sogar 208.495 Katholiken – eine Entwicklung, aufgrund derer das bestehende Gemeindesystem erhebliche Veränderungen und Ergänzungen erfuhr: überall entstanden neue Kirchen, neue Schulen und neue sozial-caritative Einrichtungen.

Für die katholischen Kerngebiete des Bistums Hildesheim, also das alte Hochstift und das Untereichsfeld, begann nach dem »Kulturkampf« eine Zeit »progressiver Konsolidierung«, indem die bestehenden kirchlichen Einrichtungen ausgebaut und die kirchlichen »Service-Angebote« erheblich verbessert wurden. So ersetzte man etwa in Bavenstedt und Achtum – heute Stadtteile von Hildesheim – die baufälligen und zudem zu klein gewordenen Kirchen 1887/88 bzw. 1900/01 durch Neubauten, für die mit Christoph Hehl (Hannover) und Richard Herzig (Hildesheim) renom-

Ludwig Windthorst
(1812–1891),
führender katholischer
Zentrumspolitiker

mierte Architekten die Pläne angefertigt hatten. Im Untereichsfeld wurden u. a. 1894/95 in Gerblingerode, 1895/96 in Breitenberg und 1899/1900 in Westerode neue, den Ansprüchen der Gemeinden genügende Gotteshäuser errichtet.

Mit dem kontinuierlichen Wachstum der Provinzhauptstadt Hannover und ihrer Vororte stieg auch die Zahl der Katholiken von knapp 7.000 im Jahr 1867 auf rund 28.000 um die Jahrhundertwende und schließlich über 40.000 im Jahr 1910 an. Deren Generalforderung »Neue Kirchen müssen gebaut, neue Pfarrsysteme gegründet werden« fand bis zum Ersten Weltkrieg im Bau von insgesamt sechs Kirchen eine adäquate Realisierung. Eine davon war St. Marien, an deren Gelingen der im katholischen Deutschland überaus großes Ansehen genießende Zentrumsführer Dr. Ludwig Windthorst maßgeblich beteiligt war: ohne ihn wäre diese in unmittelbarer Nähe zu den Continental-Werken und anderen Industrieunternehmen im prosperierenden Norden Hannovers gelegene Kirche wohl kaum so rasch, so groß und so schön gebaut worden.

In der hannoverschen Oststadt gelang den Vinzentinerinnen 1882 der Ankauf einer geräumigen Villa, die sie in den nächsten Jahren zu einem nicht nur in der katholischen Bevölkerung breite Akzeptanz findenden Krankenhaus umbauten, finanziert durch diverse Vermächtnisse, langfristige Anleihen und eine Lotterie. In dem das St. Vinzenzstift umgebenden großen Garten wurde zehn Jahre später nach Plänen von Christoph Hehl die St. Elisabethkirche errichtet.

Bedingt durch die Intensivierung der Landwirtschaft und die Gründung weiterverarbeitender Industrien in direkter Nähe zum Erzeuger sowie den Ausbau der Verkehrsverbindungen erfuhr das Flächenbistum Hildesheim insgesamt einen deutlichen Aufschwung. So gelang um die Jahrhundertwende die Wiederanstellung eines eigenen Geistlichen in Neustadt a. Rbge. – und parallel dazu im nur wenige Kilometer entfernten Wunstorf der Bau einer Kapelle, in der ab Herbst 1903 an jedem Sonntag die hl. Messe gefeiert wurde: Die Hildesheimer Bistumsleitung setzte ganz bewusst auf Dezentralisierung. Kirche war für Bischof Sommerwerck wie auch seinen Nachfolger Adolf Bertram (1906–1914) stets »Kirche vor Ort«, d. h. Ziel war ein möglichst dichtes kirchliches Versorgungsnetz, weswegen für einen Kirchenbau geeignete Grundstücke manchmal auch ohne direkte Notwendigkeit angekauft wurden.

Nicht zuletzt zur seelsorglichen Betreuung der Katholiken in Uelzen und Lüchow erfolgte 1891 in Lüneburg die Anstellung eines Kaplans – dessen Gehalt von der Gemeinde selbst getragen wurde. Uelzen erhielt 1899 – bei inzwischen 400 ortsansässigen Katholiken sowie weiteren ca. 300 in der Landwirtschaft tätigen Saisonarbeitern – einen eigenen Seelsorger, dem 1902 der Ankauf eines Grundstücks für den Bau einer neuen Kirche gelang, an deren Realisierung sich neben dem Bonifatiusverein auch die Stadt Uelzen und einige Landwirte der Region beteiligten: so mancher Saisonarbeiter hatte sein Wiederkommen nämlich von der Existenz einer katholischen Kirche abhängig gemacht.

Lüneburg   Rote Straße und St. Marienkirche

St. Marien-Kirche in Lüneburg

In Harburg bei Hamburg wurde die 1864/65 errichtete St. Marien-Kirche für die ständig wachsende Gemeinde spätestens Anfang der 1890er Jahre zu klein und demzufolge 1900 beträchtlich vergrößert, wie im selben Jahr auch endlich Vinzentinerinnen zum Aufbau eines funktionstüchtigen Krankenhauses hierher kamen. Bereits 1891/92 übersiedelte Kaplan Gustav Töttcher auf Bitte und mit beträchtlicher materieller Unterstützung zweier Firmen ins benachbarte Wilhelmsburg, dessen Gemeinde bis 1906 auf 5.000 Mitglieder anwuchs, von denen rund 60 % polnischer Abstammung waren – eine äußerst schwierige Aufgabe, sprach Töttcher selbst doch kein Wort polnisch und nicht wenige seiner Gemeindemitglieder kein Wort deutsch. 1897 begann der Bau einer geräumigen Kirche, die Generalvikar Friedrich Hugo am 16. Juni 1898 zu Ehren des hl. Bonifatius benedizieren konnte, gewissermaßen als Symbol für die angestrebte Integration der »Wilhelmsburger Polen« ins Bistum Hildesheim.

Im Zusammenhang vor allem mit den wirtschaftlichen Veränderungen in der zweiten Hälfte des 19. Jahrhunderts stieg die Zahl der Katholiken auch im Herzogtum Braunschweig deutlich von 7.000 auf 26.504 an, wobei

St. Bonifatius-Kirche in Hamburg-Wilhelmsburg

ihr prozentualer Anteil an der Gesamtbevölkerung mit 3–5% dennoch äußerst gering blieb. Ihre individuellen Rechte und Pflichten sowie die Rahmenbedingungen katholisch-kirchlicher Existenz überhaupt definierten die sog. Katholikengesetze von 1867 und 1902: mit äußerst rigiden Bestimmungen hinsichtlich der in dieser extremen Diasporasituation natürlich ungemein zahlreichen konfessionsverschiedenen Ehen und Familien, der Einrichtung und des Unterhalts katholischer Schulen, der Vornahme kirchlicher Amtshandlungen durch auswärtige Priester, der dauerhaften Anstellung von Geistlichen und der Errichtung neuer Gottesdienststationen. Proteste des Bischofs, der Priester und der Gläubigen wie auch der sog. Toleranzantrag der Zentrumspartei im Deutschen Reichstag in insgesamt fünf Fassungen von 1900 bis 1912 blieben ohne Erfolg.

Vor diesem Hintergrund kam den sich ab 1880 bildenden katholischen Vereinen besondere Bedeutung zu: Gesellenverein, Katholischer Klub, Katholischer Kaufmännischer Verein, Arbeiterverein, Volksverein, Marienverein – sie alle übernahmen Verantwortung in der bzw. für die Gemeinde. Ihrer Initiative entsprangen auch die ab 1899 jährlichen Katholikenversammlungen zu aktuellen kirchenpolitischen Fragestellungen mit bis zu 2.000 Teilnehmern, die in ihrem äußeren Ablauf stark den großen deutschen Katholikentagen ähnelten. So ging es etwa im August 1899 um die finanziellen Verpflichtungen des Staates gegenüber den katholischen Schulen, 1901 um die Neuorganisation der sozial-caritativen Arbeit und die Anstellung weiterer Priester, 1903 um die Bedeutung und Funktion der katholischen Arbeitervereine und ein Jahr später um deren Kooperation mit den Christlichen Gewerkschaften.

Da die St. Nikolai-Kirche für die kontinuierlich wachsende Gemeinde zu klein war, initiierte Dechant Becker schon frühzeitig einen Kirchbaufonds, aus dem 1894 im Westen der Stadt ein großer ehemaliger Tanzsaal angekauft und für kirchliche Zwecke hergerichtet werden konnte. Nachdem diese Notkirche – so der offizielle Terminus – 1901 wegen akuter Einsturzgefahr kurzzeitig geschlossen werden musste, erfolgte 1902/03 der Neubau der St. Josephs-Kirche. Zeitgleich entstand im Norden Braunschweigs ein weiteres Gemeindesystem: zunächst 1896/97 eine katholische Volksschule und zwei Jahre später die St. Laurentius-Kirche, in der am 18. Oktober 1900 die erste hl. Messe gefeiert werden konnte.

Allen finanziellen Belastungen zum Trotz wurde in den drei Alt-Gemeinden Braunschweig, Wolfenbüttel und Helmstedt auch das katholische Schulwesen kontinuierlich ausgebaut, verdoppelte sich doch etwa in der Stadt Braunschweig die Zahl der Schüler von 1892 bis 1900 auf rund 1.200. Konkret bedeutete dies, dass die katholische Gemeinde als Schulträger immer wieder für neue Räumlichkeiten sorgen und beinahe jährlich neue Lehrer einstellen musste. Dabei ist festzuhalten, dass die entsprechenden Entscheidungen ausschließlich vor Ort getroffen wurden und die Hildesheimer Bistumsleitung völlig außen vor blieb: So ließ Dechant Grube 1896/97 im Braunschweiger Norden ein dreigeschossiges Schulgebäude errichten, obwohl das Generalvikariat lediglich ein zweigeschossiges genehmigt hatte.

Das 20. Jahrhundert

1900–1933

Mit Blick auf den rasanten Anstieg der Katholikenzahl im Bistum Hildesheim von rund 120.000 im Jahr 1890 auf knapp 210.000 zu Beginn des Ersten Weltkriegs setzte Bischof Adolf Bertram den durch seinen Amtsvorgänger Bischof Sommerwerck eingeschlagenen Weg eines kontinuierlichen Ausbaues kirchlicher Einrichtungen fort. In der Provinzhauptstadt Hannover entstand nach der Jahrhundertwende in der List ein völlig neuer Stadtteil, in dem 1907 bereits rund 40.000 Menschen lebten, darunter etwa 4.000 Katholiken. Für sie wurde 1911/12 die St. Josephskirche errichtet, finanziell verantwortet nicht vom Bischöflichen Stuhl, sondern vom »Gesamtverband der katholischen Kirchengemeinden Hannovers«, was für die Mitglieder der Nachbargemeinde eine deutliche Erhöhung ihrer lokalen Kirchensteuer bedeutete. Die Einrichtung einer Zuckerfabrik hatte um 1860/65 auch einige Katholiken nach Gehrden geführt, für die eine Zeit lang von Hannover aus in unregelmäßigen Abständen vor Ort katholischer Gottesdienst angeboten wurde. Nach der Jahrhundertwende reichte diese Praxis nicht mehr aus, weswegen für jetzt meist gut 300 Gottesdienstbesucher 1909/11 eine dem hl. Bonifatius geweihte Kirche erbaut wurde. In Lüchow in der Lüneburger Heide lebten nach 1910 rund 200 Katholiken zuzüglich weiterer über 200 Saisonarbeiter, deren seelsorgliche Betreuung von Lüneburg, Uelzen und Salzwedel aus mit erheblichen Problemen belastet war. Aus diesem Grund schickte Bischof Bertram im Herbst 1913 einen Seminarpriester dorthin, zu dessen ersten Aufgaben der Bau einer Kirche gehörte; die St. Agnes-Kirche wurde am 23. März 1914 benediziert. Nur ein gutes Jahr später erfuhr die positive Entwicklung der kleinen Gemeinde, zu der neben Lüchow noch Dannenberg und Wustrow gehörten, jedoch eine jähe Unterbrechung: Pastor Veuskens wurde zum Militärdienst eingezogen und ein neuer Geist-

Nuntius Eugenio Pacelli, der spätere Papst Pius XII., auf dem Katholikentag 1924 in Hannover

licher stand nicht zur Verfügung – erst 1921 konnte die Stelle wieder besetzt werden.

Eine deutliche Verbesserung der kirchlichen Rahmenbedingungen gelang Bischof Bertram im Herzogtum Braunschweig, indem er das direkte Gespräch mit der braunschweigischen Regierung suchte und die diversen Problemfelder offen ansprach. Unter anderem war so 1909 die Gründung einer Niederlassung der Hildesheimer Vinzentinerinnen in Braunschweig möglich, wie auch das »Gesetz über römisch-katholische Schulvorstände« den katholischen Schulen neue Möglichkeiten eröffnete, das in einem »Regionalkonkordat« von 1921 weiter fortgeschrieben wurde.

In der Weimarer Republik kam es im Bistum Hildesheim – wie in der katholischen Kirche Deutschlands insgesamt – zu einer »innerkirchlichen Gewichtsverlagerung« von den Vereinen und Verbänden hin zu den Pfarrgemeinden, die Konrad Algermissen, »pastoraler Vordenker« im Bistum Hildesheim, u. a. so umschrieb:

Konrad Algermissen (1889–1964), Professor am Hildesheimer Priesterseminar

»Die Pfarrgemeinde muss wieder überall Pfarrfamilie werden. Alle Glieder der Pfarrei sollen sich als Gotteskinder einer Gottesgemeinde fühlen. ... Die moderne Großstadt ist kein naturgewachsenes Gebilde menschlicher Gemeinschaft. Sie ist das Ergebnis der individualistisch-kapitalistischen Wirtschaft der Neuzeit. Nicht der Geist der Gemein-schaft, sondern der Kampf ums Dasein hat diese Menschenmassen zusammengefügt. Eine große, eine entscheidungsvolle Aufgabe steht da vor uns. Diese Aufgabe heißt: Pfarrfamilie auf Grund der kleineren Pfarrgemeinde. Wo immer es möglich ist, wo kirchlich ein Neues zu schaffen ist, da sollte das Ziel sein: nicht die Riesenpfarrei, sondern die kleinere, lebendigere Gemeinde, nicht das große majestätische Gottes-haus, sondern die künstlerisch schöne, kleinere, aber warme Kirche. ... Noch einsamer als der Katholik der Großstadt steht der Katholik in der Diaspora da. Was nützen ihm majestätische Kirchen, die er erst nach stundenlangen Wegen und schweren Mühen erreichen kann. Er bedarf

Pfarrer Wilhelm Maxen (1867–1946), Wegbereiter moderner Großstadtseelsorge

ganz besonders jener Kraft und Stütze, die die Bindung mit Glaubens-
brüdern in der familienhaften Gemeinschaft der Pfarrgemeinde bietet.
Deshalb muss gerade für die Diaspora die Losung heißen: viele kleine
Kirchen und viele einzelne Seelsorgestellen.«

Zu den herausragenden Priesterpersönlichkeiten der Zeit gehörte Pfarrer
Dr. Wilhelm Maxen (1867–1946), Begründer des Caritasverbands in der Stadt
Hannover, Herausgeber einer katholischen Tageszeitung und langjähriger
Pfarrer von St. Marien, wie er auch maßgeblichen Anteil am Gelingen des
Deutschen Katholikentags 1924 in Hannover hatte. Als einer der ersten
Pfarrer in Deutschland führte er in seiner Gemeinde eine sog. Haus- und
Kapellenmission durch, weil er Kirchenentfremdung keineswegs für eine
bewusste Entscheidung gegen die Kirche, sondern eher als Ausdruck einer
gewissen Bequemlichkeit und Gleichgültigkeit verstand – woraus er folger-
te, dass sich dann eben die Kirche selbst auf den Weg machen müsse.

1933–1945

In der Zeit der nationalsozialistischen Gewaltherrschaft erfuhr auch das Bistum Hildesheim erhebliche Beeinträchtigungen: Katholische Vereine wurden verboten, katholische Schulen aufgelöst, katholische Verlage geschlossen und selbst der »kirchliche Alltag« in vielfältiger Weise behindert. Dabei wurde Bischof Joseph Godehard Machens (1934–1956) rasch zu einem mutigen Verteidiger der kirchlichen Rechte gegen die zahllosen Übergriffe von Partei und Staatsgewalt und verwahrte sich vor allem gegen die Schließung der katholischen Volksschulen: »Als Bischof von Hildesheim erhebe ich dagegen ausdrücklich Protest und bitte ergebenst, die kleineren katholischen Schulen in meinem Bistum vor der Aufhebung zur bewahren ...«.

Besonderes Dokument des Widerstands von Bischof Mahcens gegen den Nationalsozialismus ist seine Predigt im Hildesheimer Dom vom 17. August 1941, in der er sich unter ausdrücklichem Bezug auf das Reichskonkordat von 1933 gegen die Schließung von Bekenntnisschulen, Kindergärten und Klöstern verwahrte und dann fortfuhr:

> »Zum Eingriff in das Eigentum gesellt sich der Eingriff in die persönliche Freiheit. Aufgabe der Kirche und ihrer Bischöfe ist es, Wahrer und Hüter von Wahrheit, Moral und Recht zu sein. Darum darf ich auch nicht dazu schweigen, dass so viele ohne Gerichtsverhandlung, ohne Verteidigung, ohne Spruch des unabhängigen Richters in Arbeits- und Konzentrationslager verbracht worden sind. ... Noch ein letztes drückt schwer auf unser aller Seelen. Das ist die Tötung der Geisteskranken. Ist einer unter euch, der das Schreckliche der Sache nicht begreift? Jeder, auch der Irre, ist Person, unantastbare Person wegen der unsterblichen Seele, die auch in seinem kranken Körper wohnt. Die Tötung aber ist der tiefste Eingriff in das Persönlichkeitsrecht. Doch mehr, Gott der Schöpfer allein ist Herr über Leben und Tod. Niemand darf einen unschuldigen Menschen töten außer im gerechten Krieg oder in unabwendbarer Notwehr. Ach, welche Folgen doch der Unglaube zeitigt! Hier liegen die Früchte der Ablehnung des Christentums vor unseren Augen.«

Besondere Probleme erwuchsen dem Bistum Hildesheim zwischen 1933 und 1945 im sog. Aufbaugebiet um das heutige Wolfsburg und Salzgitter,

wo sich binnen weniger Jahre ein agrarisch geprägter Raum zu einem industriellen Ballungszentrum wandelte und die Region zur größten katholischen Kirchengemeinde im Deutschen Reich wurde. Doch der Bau neuer Kirchen wurde staatsseitig nicht gestattet, an wen Bischof, Generalvikar, Pfarrer und Gläubige sich auch wandten: immer wieder wurden ihre Anfragen negativ beantwortet – weil man seitens der Nationalsozialisten Wolfsburg als »Stadt ohne Gott« plante. In den Lebenserinnerungen von Pfarrer Johannes Wosnitza (1908–1995), von Anfang an in der Region und einer der »Väter« des massiven kirchlichen Aufschwungs nach 1945, heißt es dazu u. a.:

> »Keine Gemeinde in der Stadt Salzgitter wurde in religiöser Hinsicht so bedrängt wie der Ortsteil Gebhardshagen. Als Ostern 1941 der erste Seelsorger vom Bischof hierher geschickt wurde, hatte der damalige Ortsgruppenleiter alles versucht, um dessen Aufnahme zu verhindern. Gottesdienst durfte nicht abgehalten werden, vom Landrat des Kreises lag ein diesbezügliches Verbot vor. Ein öffentlicher Raum konnte nicht zur Verfügung gestellt werden. Alles Bemühen, einen solchen zu mieten oder herzurichten, wurde von der Gestapo hintertrieben«.

In den Jahren von 1933 bis 1945 widersprach jeder Gottesdienstbesuch, jeder Ministrantendienst am Altar, jede Teilnahme an einer Gruppenstunde, jedes Engagement im Kirchenvorstand, jede negative Äußerung über Partei und Staat den totalitären Ansprüchen des nationalsozialistischen Systems – wofür viele Priester und Laien bedroht, verhaftet, gefoltert oder sogar getötet wurden. So wurde etwa Generalvikar Dr. Otto Seelmeyer wegen angeblicher Devisenvergehen 1935 zu einer mehrjährigen Zuchthausstrafe verurteilt und erhielten Pfarrer Otto Bank (Hildesheim-St. Godehard) 1939 wegen angeblicher negativer Äußerungen über die NSDAP und Pfarrer Walter Behrens (Salzgitter-Watenstedt) 1943 wegen näheren Kontakts zu französischen Kriegsgefangenen längere Gefängnisstrafen. P. Kurt Dehne SJ (Hannover), Pfarrer Wilhelm Gnegel (Hildesheim-St. Mauritius), Pfarrer Robert Hartmann (Rhumspringe), Kaplan Johannes Jäger (Goslar) und Kaplan Heinrich Kötter (Duderstadt-Tiftlingerode) kamen sogar ins KZ Dachau.

Pfarrer Joseph Müller (1894–1944) mit
Bischof Machens

Pfarrer Christoph Hackethal
(1899–1942)

Zu den zahllosen Frauen und Männern, welche die Willkür und Brutalität des NS-Staates in besonderer Weise erfahren mussten, gehörten Pfarrer Christoph Hackethal und Pfarrer Joseph Müller. Pfarrer Hackethal wurde am 18. April 1941 in seinem Pfarrhaus in Bad Harzburg verhaftet, kam zunächst für drei Monate in das berüchtigte Gestapo-Straflager Hallendorf und dann – wegen angeblich »staatsabträglichen Verhaltens und defätistischer Äußerungen« – ins KZ Dachau in den sog. Priesterblock 26, wo er am 25. August 1942 verstarb; seine Urne wurde auf dem Friedhof Strangriede in Hannover beigesetzt.

Am 17. August 1943 wurde der Groß Düngener Pfarrer Joseph Müller zum ersten Mal von der Hildesheimer Gestapo verhört: Er habe in einem seelsorglichen Gespräch Reichskanzler Hitler und Generalfeldmarschall Göring mit den beiden an der Seite Jesu gekreuzigten Schwerverbrechern verglichen. Nach Übernahme seines Verfahrens durch den sog. Volks-

Oblatio mea ad Deum!
Sacerdos tuus Josephus Müller venit ad Te
Dilecto mei. Deo in coelis.

Tu Christe Jesu Sacerdos et Victima es pro salute
sacerdotis tui et pro hominibus totius mundi.

Ego, alter Christus offero Tibi Te summum sacerdotem
ut eum accipias quam victima pro hominibus mundi.

A. In nomine + Patris et + Filii et + Spiritus Sancti

Heiligste Dreifaltigkeit

Ich weihe mich ganz u. gar mit all meinem Sein
Dir, o heiligste Dreifaltigkeit. Ich weihe mich mit
der ganzen Klingabe meines Wesens zur An-
betung, Danksagung, Bitte u. Sühne.
Ich bringe Euch hiermit das Opfer meines
Lebens und bitte Euch es anzunehmen.

Trauerzettel mit einem Gebet von Pfarrer Joseph Müller

gerichtshof im Mai 1944 kam Pfarrer Müller in Untersuchungshaft nach Berlin-Moabit. Der Prozess gegen ihn war eine reine Farce: Jegliches Argument der Verteidigung wurde von Richter Roland Freisler von vornherein abgelehnt, vier eigens aus Groß Düngen angereiste Entlastungszeugen gar nicht erst angehört. Seine Verurteilung zum Tod kommentierte Pfarrer Müller in seinen während der Haft begonnenen Lebenserinnerungen so: »Herr, ich bin dem Hass begegnet, dem bleichen, jeder Schönheit baren Hass auf Deine Wahrheit, dem Hass, der morden will, der den Stein aufhob und hinterhältig auf sein schwaches Opfer warf, der laut wurde, als er sich überlegen wusste, aber gerade dabei seine ganze Hässlichkeit zeigte.« Am 11. September 1944 wurde Pfarrer Joseph Müller hingerichtet, sein Grab befindet sich bei der St. Cosmas und Damian-Kirche in Groß Düngen.

1945–1980

Der Zweite Weltkrieg endete in einer Katastrophe: Millionen Menschen kamen ums Leben, Millionen Menschen mussten ihre Heimat verlassen oder verloren ihren gesamten Besitz, zahllose Städte versanken in Schutt und Asche. Zu den besonders zerstörten Städten Deutschlands gehörte die altehrwürdige Bischofsstadt Hildesheim, die am 22. März 1945 durch einen Bombenangriff nahezu vollständig vernichtet wurde: »Von dem alten Hildesheim steht nichts mehr. Der Dom? Ein einziger Trümmerhaufen! Er hat mehrere Volltreffer schwersten Kalibers erhalten. Es stehen jetzt noch die ausgebrannten Türme mit der Eingangshalle, drei mehr oder weniger zerstörte Südkapellen und ein Teil der Krypta. Alles andere ist vernichtet«, notierte Domdechant Stolte.

Vielleicht noch schwieriger als der Wiederaufbau des Domes sowie anderer Kirchen und kirchlichen Einrichtungen war die Reaktivierung des Gemeindelebens und die Lösung diverser neuer Probleme, von denen die Integration zigtausender katholischer Flüchtlinge und Vertriebener aus den deutschen Ostgebieten an erster Stelle stand: ein Massenexodus von insgesamt über 12 Millionen Menschen, von denen 1,85 Millionen in das neue Bundesland Niedersachsen kamen. Dadurch stieg die Zahl der Katholiken im Bistum Hildesheim von 263.800 im Jahr 1938 auf 669.500

Hildesheimer Mariendom
nach der Zerstörung am
22. März 1945

im Jahr 1950 (und von knapp 10 % auf 16,3 % Anteil an der Gesamtbevölkerung) – was wiederum die Einrichtung zahlreicher neuer Kirchengemeinden notwendig machte: Gab es 1946 in Hildesheim 179 Pfarreien, Kuratien
und Pfarrvikarien, so stieg ihre Zahl bis 1954 um 137 auf 331, eine Zunahme
von 135 %.

Gleichsam wirkkräftiges Symbol für den Neuanfang des Bistums Hildesheim waren das Lager Friedland, die zentrale »Drehscheibe« für Millionen Vertriebene, Flüchtlinge und Kriegsgefangene, sowie die Jugendbe-
gegnungsstätte Wohldenberg, wo Jugendliche aus dem gesamten Bistum
zusammenkamen und eine »junge« Kirche erfahren konnten.

Von nachhaltiger Bedeutung für die Entwicklung des Bistums Hildes-
heim wurde die Wahl von Heinrich Maria Janssen – bisher Dechant in
Kevelaer – zum Bischof von Hildesheim, der am 14. Mai 1957 in der Hildes-
heimer St. Godehardi-Kirche die Bischofsweihe empfing. Zu den ersten
Höhepunkten seines 25-jährigen Episkopats – Bischof Janssen blieb bis
Ende 1982 Bischof von Hildesheim – gehörte die Neuweihe des Hildeshei-

mer Mariendoms nach gut zehnjähriger Wiederaufbauzeit am 27. März 1960. Zahlreiche Wallfahrten aus dem gesamten Bistum führten in diesem Jahr – neben dem Jahr der Domweihe auch ein Jubiläumsjahr der heiligen Bischöfe Bernward und Godehard – Gläubige nach Hildesheim: der Dom als »Kraftzentrum« des Bistums.

1962 fand in Hannover unter dem Motto »Glauben, Danken, Dienen« erneut ein Deutscher Katholikentag statt. Zu seinen besonderen gottesdienstlichen Feiern gehörten ein Kindergottesdienst mit über 30.000 Teilnehmern und ein Sühnegottesdienst im ehemaligen Konzentrationslager Bergen-Belsen mit Weihbischof Heinrich Pachowiak (1958–2000). Am Rande des Katholikentags kam es zu wichtigen ökumenischen Gesprächen zwischen Augustin Kardinal Bea SJ, dem Leiter des Sekretariats für die Einheit der Christen beim Hl. Stuhl, und dem hannoverschen Landesbischof Hanns Lilje, zugleich leitender Bischof der Vereinigten Evangelisch-Lutherischen Kirche Deutschlands.

Um eine grundlegende Erneuerung der katholischen Kirche insgesamt ging es dem Zweiten Vatikanischen Konzil, zu dem von 1962 bis 1965 Bischöfe aus aller Welt in Rom zusammenkamen. Worüber dort nachgedacht und diskutiert wurde, berichteten Bischof Janssen und Weihbischof Pachowiak den Hildesheimer Diözesanen durch Besuche in allen Kirchengemeinden des Bistums sowie durch eine regelmäßige »Konzils-Kolumne« in der Kirchenzeitung. So schrieb etwa Bischof Heinrich Maria Janssen im Oktober 1964:

»Wir sind nun in die Arbeit der dritten Sessio eingestiegen, eine harte Woche liegt hinter uns. All das viele Hin und Her, scharfe Dispute, langwierige Sitzungen in den endlosen Kommissionen, Entschlusseingaben, Verbesserungsvorschläge, neue Vorlagen, Kürzungen, Ergänzungen - sie haben sich gelohnt. Eine reife Arbeit liegt nun vor uns in den neu gefassten Vorlagen. ... Erneut geht es in diesen Tagen den Vätern auch wieder um Maria und das Marienschema. In der zweiten Sitzungsperiode ging es darum, dass dieses Schema seinen rechten Platz bekomme. Die eine Hälfte der Väter wünschte ein eigenständiges Schema, der etwas größere Teil sprach sich dafür aus, dass von Maria im Schema über die Kirche die Rede sei. Gerade in den letzten Tagen ist es wieder deutlich ausgesprochen worden, dass es gar nicht darum geht, der Verehrung der

Neuweihe des Hildesheiner Mariendoms am 27. März 1960

Festgottesdienst auf dem Katholikentag in Hannover 1962

allerseligsten Jungfrau etwa Abbruch zu tun. Der Großteil der Väter ist der Meinung: Wenn der wichtigste Punkt des Konzils die Lehre von der Kirche sein soll, dann muss in ihr auch die Rede von Maria sein, denn sie ist Urbild und Vorbild der Kirche. Dann darf sie nicht losgelöst nebenbei behandelt werden: Wie wir sie nicht von Jesus Christus trennen können, so auch nicht von der Kirche.«

Es gehörte zu den besonderen Fähigkeiten Bischof Janssens, auch schwierigste theologische Überlegungen in verständlicher Form zu kommunizieren – weswegen er auch direkt nach Abschluss des Konzils für 1968/69 eine Diözesansynode einberief, in der es um die »Übersetzung« der römischen Beschlüsse in die Realität des Diasporabistum Hildesheim ging; an ihr nahmen erstmalig auch Laien – Männer und Frauen – stimmberechtigt teil.

Strukturelle Rahmensicherheit für die insgesamt positive Entwicklung des Bistums Hildesheim gab das »Konkordat zwischen dem Hl. Stuhl und

Bischof Heinrich Maria Janssen (1957–1982) auf dem II. Vatikanischen Konzil

dem Land Niedersachsen« von 1965, das vor allem die lange umstrittene Frage katholischer Schulen löste, wie auch eine leichte Modifizierung der Bistumsgrenzen, eine Vergrößerung des Domkapitels und die Übertragung der Eigentumsrechte am Dom und seinen umliegenden Gebäuden vom Land auf das Bistum vereinbart wurden.

Als »Mann der Praxis« lag Bischof Heinrich Maria Janssen der bereits von Bischof Joseph Godehard Machens begonnene Auf- und Ausbau eines möglichst engmaschigen Netzes von kirchlichen und caritativen Einrichtungen besonders am Herzen: Rund 300 Kirchen konnten in seiner Amtszeit fertiggestellt werden, dazu noch eine Vielzahl an Altenheimen, Kindergärten, Beratungsstellen und sonstigen sozial-caritativen Einrichtungen – das Bistum Hildesheim bekam ein völlig neues Gesicht. So entstanden etwa allein in den Jahren von 1959 bis 1967 in den Regierungsbezirken Hildesheim und Hannover jeweils 14 neue Kirchengemeinden, im Verwaltungsbezirk Braunschweig zwölf, in den Regierungsbezirken

Diözesanwallfahrt nach Lourdes, um 1965

Lüneburg und Stade insgesamt 16 sowie in den zum Bistum Hildesheim gehörenden Teilen der Stadtstaaten Hamburg und Bremen weitere zwei, wobei die Dekanatsumschreibung nur geringfügige Veränderungen erfuhr. Analog nahm auch die Zahl der sozial-caritativen Einrichtungen in Trägerschaft des Diözesan-Caritasverbandes und der ihm angeschlossenen Stadt- und Kreisverbände, der Kirchengemeinden sowie der Orden und Kongregationen deutlich zu.

Die »Diözesan-Verdichtung« durch neue Kirchengemeinden orientierte sich an den regionalen bzw. lokalen Bedürfnissen: »Gottesdienst soll dort gefeiert werden, wo der Mensch lebt und wohnt. Dort muss sich die Gemeinde versammeln«, betonte Bischof Janssen immer wieder.

St. Ansgar in Bremerhaven-Leherheide: Moderner Kirchenbau im Bistum Hildesheim

1980–2010/15

Am 13. November 1983 wurde im Hildesheimer Dom der bisherige Sekretär der Deutschen Bischofskonferenz Josef Homeyer zum neuen Bischof von Hildesheim geweiht; Bischof Homeyer wurde 2004 mit Vollendung seines 75. Lebensjahrs durch Papst Johannes Paul II. entpflichtet und ist 2010 verstorben. Von einer tiefen persönlichen Frömmigkeit und Gottessehnsucht getragen, forderte er die Diözesanen immer wieder zu einem »radikalen Kurswechsel« auf. So schrieb er etwa in seinem ersten Hirtenbrief zur österlichen Bußzeit:

»Viele Menschen sind von ihren täglichen Geschäften und den damit verbundenen Sorgen und Freuden so eingefangen worden, dass sie allmählich die Glaubenspraxis, das persönliche Gebet, den sonntäglichen Gottesdienst aufgegeben haben und dann bald die Glaubensüberzeugung verlieren. Sie gehen ihren eigenen Weg, nicht selten mit dem Hinweis, dass ja jeder nach seiner Fasson selig werden müsse und könne. ... Andere – und es sind nicht wenige – werden irre an dieser Gesellschaft angesichts der ständigen Steigerung des Konsums und der sich ausbreitenden Sattheit, angesichts so vieler Ungerechtigkeit und Not in der Welt. ... Stellen wir uns dem Wort und dem Wirken Jesu, dem Sohn des lebendigen Gottes! Er gibt sich nur dem zu erkennen, der sich auf ihn einlässt.«

Eine große Bereicherung erfuhr das Bistum Hildesheim im Mai 1988 durch die Neugründung eines Benediktinerinnenpriorats in Marienrode, wo sich bis Anfang des 19. Jahrhunderts ein Zisterzienserkloster befunden hatte, und durch die Gründung des »Forschungsinstituts für Philosophie« im selben Jahr in Hannover. Ein mutiger Blick nach vorne gelang der Diözesansynode 1989/90 unter ihrem Leitwort »Kirche und Gemeinde: Gemeinschaft mit Gott – Miteinander – Für die Welt«:

»Aus der ›Kirche für das Volk‹ muss mehr und mehr eine lebendige ›Kirche des Volkes‹ werden, in der jeder und jede einzelne seine/ihre Berufung wahrnimmt und sich verantwortlich beteiligt weiß am Schicksal dieser Kirche, damit sie ihre Sendung zu allen Menschen erfüllen kann. ... Gott, was hast Du mit mir in Deiner Kirche vor? Welche Gabe hast Du mir geschenkt, und wie soll ich sie in Deiner Kirche einbringen, damit sie mitten in der Welt Zeichen Deiner Menschenfreundlichkeit ist?«

Vor dem Hintergrund der massiven Veränderungen resp. »Umorientierungen« der Gesellschaft bedurfte spätestens ab Anfang der 1990er Jahre auch das Bistum Hildesheim grundlegender Veränderungen, um gegenwarts- und zukunftsfähig zu bleiben bzw. zu werden. Die über Jahrzehnte gewachsenen Strukturen waren an die Realitäten anzupassen. Aus diesem Grund setzte Bischof Homeyer – nach intensiver Beratung und unter Berücksichtigung der zahlreichen Eingaben von Gremien, Pfarrgemeinden und Einzelpersonen – am 15. Dezember 2003 das Grundsatzpapier »Eckpunkte 2020. Kurz- und mittelfristige Strukturplanung für die Diözese Hildesheim« in Kraft: »Die Kirche von Hildesheim ist in einer schwierigen

Hildesheimer Diözesansynode 1989/90

Lage. Ihre Pastoral befindet sich in einem tiefgreifenden Wandel, ihre ge-
sellschaftliche Relevanz schwindet, die Haushaltslage ist besorgniserre-
gend.«

In ausgesprochen konstruktiver und gleichzeitig kreativer Weise ist
das Bistum Hildesheim unter der Leitung von Bischof Norbert Trelle (seit
2006) derzeit dabei, sich »neu aufzustellen«. Von erheblicher Bedeutung
ist dabei u. a. die Fusionierung von Pfarreien: weil nicht mehr alle Kirchen,
Einrichtungen und Gebäude unterhalten werden können (und müssen),
weil nicht mehr für jede Pfarrei ein eigener Pfarrer zur Verfügung steht,
weil nur so die Charismen der Gläubigen sich wirklich in die »Kirche vor
Ort« einbringen lassen. Dabei ist es wichtig, dass die Gemeinden ihren je
eigenen Weg suchen und finden: »Lokale Kirchenentwicklung« ist gerade
in einem so großen und so verschiedenen Bistum wie dem Bistum Hildesheim von immenser Relevanz; was für die Gemeinden im Untereichsfeld
»passt«, kann an den Bedürfnissen, Wünschen und Möglichkeiten der

Gemeinden an der Nordsee vollkommen vorbeigehen. Bischof Trelle hat hierzu im September 2013 geschrieben:

»Im November 2006 haben sich fünf Pfarreien mit insgesamt 17 lokalen Gemeinden auf den Weg gemacht. Es ist deutlich geworden, welche Möglichkeiten lokaler Kirchenentwicklung sich ergeben, wenn den Getauften ihre persönliche Berufung bewusst wird und der Auftrag zur Gestaltung des Reiches Gottes an ihrem Platz, der damit verbunden ist. ... Die Phase des Erprobens wird auch in den nächsten Jahren fortgesetzt werden«.

Zur »Neuaufstellung« des Bistums gehört auch die grundlegende Sanierung und liturgische Neugestaltung des Hildesheimer Mariendoms von 2010 bis 2014: weil die Kirche von Hildesheim ein starkes Zentrum braucht – der Dom ist der Ort im Bistum Hildesheim, an dem alles angefangen hat und mit dem (fast) alles zusammenhängt.

Wappen des Bistums Hildesheim

Literatur zur Geschichte des Bistums Hildesheim (Auswahl)

Aschoff, Hans-Georg: Das Bistum Hildesheim zwischen Säkularisation und Neuumschreibung. Ein Beitrag zum 175. Jubiläum der Zirkumskriptionsbulle »Impensa Romanorum Pontificum«, in: Die Diözese Hildesheim in Vergangenheit und Gegenwart 67 (1999), S. 193–246

Aschoff, Hans-Georg: Das Hochstift Hildesheim und der Westfälische Frieden, in: Die Diözese Hildesheim in Vergangenheit und Gegenwart 66 (1998), S. 229–269

Aschoff, Hans-Georg: Katholische Kirche in Niedersachsen nach 1945, in: Jahrbuch der Gesellschaft für niedersächsische Kirchengeschichte 91 (1993), S. 211–238

Aschoff, Hans-Georg: Um des Menschen willen. Die Entwicklung der katholischen Kirche in der Region Hannover, Hildesheim 1983

Aschoff, Hans-Georg: Das Verhältnis von Staat und katholischer Kirche im Königreich Hannover (1813–1866), Hildesheim 1976

Bertram, Adolf: Geschichte des Bistums Hildesheim, 3 Bde., Hildesheim/Leipzig 1899–1925

Brandt, Michael/Eggebrecht, Arne (Hrsg.): Bernward von Hildesheim und das Zeitalter der Ottonen. Ausstellungskatalog, 2 Bde., Hildesheim/Mainz 1993

Dolle, Josef (Hrsg.): Niedersächsisches Klosterbuch. 4 Bde., Bielefeld 2012

Dylong, Alexander: Das Hildesheimer Domkapitel im 18. Jahrhundert, Hannover 1997

Engfer, Hermann (Hrsg.): Das Bistum Hildesheim 1933–1945. Eine Dokumentation, Hildesheim 1971

Faust, Ulrich (Bearb.):, Die Benediktinerklöster in Niedersachsen, Schleswig-Holstein und Bremen, St. Ottilien 1979

Flammer, Thomas: Nationalsozialismus und katholische Kirche im Freistaat Braunschweig 1931–1945, Paderborn 2013

Gatz, Erwin (Hrsg.): Atlas zur Kirche in Geschichte und Gegenwart. Heiliges Römisches Reich – Deutschsprachige Länder, Regensburg 2009

Gatz, Erwin (Hrsg.): Die Bischöfe des Heiligen Römischen Reiches. Ein biographisches Lexikon. 1198–1803, 3 Bde., Berlin 1990–2001

Gatz, Erwin (Hrsg.): Die Bischöfe der deutschsprachigen Länder 1785/1803 bis 1945. Ein biographisches Lexikon, Berlin 1983

Gatz, Erwin (Hrsg.): Die Bischöfe der deutschsprachigen Länder 1945–2001. Ein biographisches Lexikon, Berlin 2001

Gatz, Erwin (Hrsg.): Geschichte des kirchlichen Lebens in den deutschsprachigen Ländern seit dem Ende des 18. Jahrhunderts. 8 Bände, Freiburg/Br. 1991–2008

Geschichte Niedersachsens. Bde. 1 ff., hrsg. von der Historischen Kommission für Niedersachsen und Bremen, Hannover 1977 ff.

Götting, Hans (Bearb.): Die Hildesheimer Bischöfe von 815 bis 1221 (1227), Berlin/New York 1984

Jahrbuch für Geschichte und Kunst im Bistum Hildesheim 1(1927) – 81(2013)

Knapp, Ulrich, Das Bistum Hildesheim und seine Kirchen, Straßburg 2005

Knapp, Ulrich (Hrsg.): Ego sum Hildensemensis. Bischof, Domkapitel und Dom in Hildesheim 815–1810. Katalog, Petersberg 2000

Knapp, Ulrich (Hrsg.): Der Hildesheimer Dom. Zerstörung und Wiederaufbau, Petersberg 1999

Kruppa, Nathalie/Wilke, Jürgen (Bearb.): Die Hildesheimer Bischöfe von 1221 bis 1398, Berlin 2006

Kruse, Karl Bernhard: Der Hildesheimer Dom. Grabungen und Bauuntersuchungen auf dem Domhügel 1988 bis 1999, Hannover 2000

Kumm, Renate: Das Bistum Hildesheim in der Nachkriegszeit. Untersuchung einer Diaspora-Diözese vom Ende des Zweiten Weltkriegs bis zum Zweiten Vatikanischen Konzil (1945–1965), Hannover 2002

Marmein, Peter/Scharf-Wrede, Thomas (Hrsg.): Kirche und Adel in Norddeutschland. Das Aufschwörungsbuch des Hildesheimer Domkapitels, Regensburg/Hildesheim 2011

Naß, Klaus (Hrsg.): Mittelalterliche Quellen zur Geschichte Hildesheims, Hildesheim 2006

Plath, Christian: Konfessionskampf und fremde Besatzung. Stadt und Hochstift Hildesheim im Zeitalter der Gegenreformation und des Dreißigjährigen Krieges (ca. 1580–1660), Hildesheim 2005

Scharf-Wrede, Thomas: Das Bistum Hildesheim 1866–1914. Kirchenführung, Organisation, Gemeindeleben, Hannover 1995

Scharf-Wrede, Thomas: Das Bistum Hildesheim im 19. Jahrhundert, Straßburg 1999

Scharf-Wrede, Thomas: Das Bistum Hildesheim im 20. Jahrhundert, Straßburg 2002

Scharf-Wrede, Thomas (Hrsg.): Heinrich Maria Janssen. Bischof von Hildesheim 1957 bis 1982, Regensburg/Hildesheim 2008

Scharf-Wrede, Thomas (Hrsg.): Der Hildesheimer Dom. Kraftzentrum des Bistums?, Hildesheim 2013

Scharf-Wrede, Thomas (Hrsg.): Das Hildesheimer Domkapitel. Dem Bistum verpflichtet, Hildesheim 2012

Scharf-Wrede, Thomas (Hrsg.): Umbruch oder Übergang? Die Säkularisation von 1803 in Norddeutschland, Hildesheim/ Regensburg 2004

Seiters, Julius: Im Schatten des Domes. Das Gymnasium Josephinum im 19. und 20. Jahrhundert, Hildesheim/Bielefeld 1999

Bildnachweis

S. 6, 9–11, 16, 22, 28, 40 unten, 49, 75: Dommuseum Hildesheim

S. 12: aus: Michael Brandt/Arne Eggebrecht (Hg.), Bernward von Hildesheim und das Zeitalter der Ottonen. Katalog der Ausstellung, Band 1, Hildesheim 1993, S. 471

S. 14: Dommuseum Hildesheim, Foto Frank Tomio

S. 15: Prof. Manfred Zimmermann, EUROMEDIAHOUSE Hannover

S. 18, 38, 39, 44, 47, 49, 50, 51, 53, 59, 61, 62, 64, 66–70, 77–80, 83, 85: Bistumsarchiv Hildesheim

S. 20: Ina Funk

S. 21: Lüneburger Klosterarchive, Kloster Wienhausen

S. 24/24: Diorama: Harald Fichtel, Salzgitter-Lichtenberg; Aufnahme: Michaela Düllmann, Hannover

S. 26: Fotoarchiv Schuffels, Foto Hans Jakob Schuffels Göttingen

S. 27: Matthäus Merian, Topographia Saxoniae Inferioris. Faksimile der 1. Ausgabe 1653, Neuausgabe, Kassel 2.1984, S. 120f.

S. 30: Niedersächsisches Landesamt für Denkmalpflege, Hannover

S. 33: Stadtarchiv Hildesheim

S. 36, 57: Michaela Düllmann, Hannover

S. 40 oben: Gottfried Wilhelm Leibniz Bibliothek – Niedersächsische Landesbibliothek Hannover, Ms XXI, 1235 fol. 41r

S. 43: aus: Adolf Bertram, Geschichte des Bistums Hildesheim. Bd. 3, Hildesheim/Leipzig 1925, Einlageblatt zu S. 186

S. 54: Kongregation der Barmherzigen Schwestern vom hl. Vinzenz von Paul, Hildesheim

S. 55: Wikimedia Commons

S. 81: Ulrich Schmalstieg, Goslar